なぜか感じがいい人の

かわいい言い方

山﨑拓巳

sanctuary books

Prologue

まえがき

言い方はすべてに影響する。
言い方は感情や行動につながる。
言い方は自分の成果や実績につながる。

言い方は心のあり方。
言い方は世界とどう向き合うのかという姿勢。
言い方はあなたの世界観。

好きでやっている言い方。
楽しんでやっている言い方。
あなたに共感し、あなたのもとに
人が集まる言い方。

その言い方が周囲に届かなくても、
その言い方が誰かに刺さることもある。

言い方は多様性。
その価値観を受け入れないのも言い方。
それもありだねっていうのも言い方。

自分の「好き」に気づき、
自分の心を楽しませ、
自分の身体を楽にしてくれるのも言い方。

今、目の前のことを信じて、
忘我の世界に飛び込めるかどうか。
今、目の前の人を信じて、
相手の世界に飛び込めるかどうか。

私たちは言い方ひとつで
いつでも〝新しい現実〟を
はじめることができる。

社会はコミュニケーションがすべてです。

言うことが「正しい」か「正しくない」かよりも、
その人のことが「好き」か「嫌い」かで決まります。

自分ひとりでがんばる人よりも、
大勢から「声をかけてあげたい」「手伝ってあげたい」「大目にみてあげたい」
と思ってもらえる人の方が、物事をはるかにうまく進められます。

では一体、どんなコミュニケーションをすれば、
〝みんなから好かれる人〟になれるのでしょうか。

ぼくは夢実現コーチとして、
コミュニケーションの専門家として、
またひとりのビジネスパーソンとして、
これまで何十万人という人たちとつながってきました。

そしてその中で気づいた
コミュニケーションで一番大切なことは、
「うまく話そうとする」
ことよりも
「なにを感じているかを話そうとする」
ことの方が大事だ、ということです。

たとえばこんな場面を想像してください。
取引先のAさんとBさんがあなたのために力を尽くしてくれたとします。
あなたが「ありがとうございます」とお礼の気持ちを伝えたところ、
AさんとBさんから次のような返答がありました。

Aさん「当然のことをしたまでです」
Bさん「○○さんに少しでもほめていただきたくて」

二人の言い方を比べてみて、あなたはどのように感じましたか？

Aさんの言い方は、いわゆる「大人の言い方」です。

社会人のマナーとして決して間違いではなく、悪い印象を受けることはないでしょう。

一方で、Bさんの言い方は社会人のマナーとしては微妙と感じるでしょうか？

ちょっと子供っぽい印象を受けた人もいるかもしれません。

それでもBさんの言い方に、なんとなく親しみを感じないでしょうか。

なぜならBさんの言い方は〝一次感情〟を表現したものである一方、Aさんの言い方はその感情を隠しているからなのです。

〝一次感情〟とは最初に生まれる感情で、**言わば「悪気のない下心」のこと。**

父と娘のこんなやり取りがあったとしましょう。

夜遅くに帰ってきた娘に向かって**「ばかもーん！　何時だと思っているんだ！」**と

怒鳴らせるのは〝二次感情〟の仕業です。すると娘の方も「私だっていろいろあるのよ！」と反発してしまう。これも〝二次感情〟からくるものです。

でもお父さんの〝一次感情〟はきっと、**「心配だったんだ。帰ってきてよかった。なにかあったらどうしようと思ってつらかったんだ」**だと思います。

その気持ちをそのまま伝えることができたら、きっと娘の方も「ごめんね。心配していただろうなと思っていたんだけど、スマホの電池が切れちゃって電話できなかったんだ」という風に〝一次感情〟でこたえてくれたはずです。

同じようなことが日常生活のあらゆる場面にも当てはまります。

「御社のメリットを一番に考えましたので」「あなたのためを思って言っているの」「予定がいっぱいで、行けなくて申し訳ございません」など、はっきりと嘘ではないのだけれど、なんとなくしっくりこない言葉ってありますよね。**これらは一般的に「建前」と言われる、〝一次感情〟を覆い隠した言葉です。**

ぼくは、大人になると7割以上の会話が、そんな建前で成立していると思っています。でも決して悲観しているわけではありません。みんなが建前で話す世の中だからこそ、勇気を出して〝一次感情〟を伝えることができれば、逆に相手とぐっと近くなれるチャンスだと思っているのです。

自分が感じていることを、そっくりそのまま伝えればいい。

「それができたら苦労しないよね……」と感じている人が大多数でしょう。

そこでこの本ではコミュニケーションが難しいとされる「挨拶する」「依頼する」「お断りする」「返事する」「提案する」「注意する」「謝罪する」「気配りする」という8つのシチュエーションにおいて、〝感じのいい人〟がどんな言葉を選んでいるのか、99の実例をもとに解説していきます。

どの言葉もただ口に出すだけで、相手を一瞬で「素の自分」に変えてくれる魔法の言葉です。

べつに棒読みだって大丈夫。はじめは照れくさいかもしれません。ついつい昔のクセが出てしまう人もたくさんいるでしょう。

でもどんな言葉もしばらく使っていれば、いずれ自分自身のものになります。

そしてこれから出会う人は、そんな言葉を使うあなたが、あなた自身だと認識するはずです。

するとそのうちに人間関係に3つの変化が起こります。

ひとつ目は、チャンスがやってくるようになります。

すごい仕事、すごい体験、すごい紹介のチャンスなどが、思わぬところから舞い込むようになります。また、自分がやりたいと思っていることをサポートしてくれる人も現れるようになるでしょう。

ふたつ目は、情報が集まってくるようになります。

次々とやってくる新鮮な情報のおかげで、つねに「やりたいこと」があふれる状態になります。

3つ目は、自己肯定感が増します。

みんなに好かれれば、当然自分のことも好きになります。人と話すことが楽しくなりますし、今まで恐れ多かったような人とでも話せる自信がつきます。

ほんの小さな言葉の積み重ねが、自分の知らないところで「あの人にお願いしてみよう」「あの人の頼みだから聞こう」「あの人にだけ教えてあげよう」と思ってくれる人を増やしてくれる。

そういうのってワクワクしませんか？

〝すごい人にかわいがられた人が、次のすごい人として世に現れる〟

これは歴史上、どの時代にも当てはまる法則です。

目上の人はもちろん、目下の人にもかわいがられる。出会う人みんなにかわいがられる。知らない人にもかわいがられる。

〝かわいい言い方〟を習得して、そんな〝かわいい自分〟をめざしてください。

山﨑拓巳

Contents

目次

Chapter 1
挨拶《あいさつ》／社交辞令《しゃこうじれい》

まえがき …… 6
短時間で距離を縮めたいとき …… 24
緊張する相手に自己紹介するとき …… 26
相手の変化をほめたいとき …… 28
疎遠になった人に気楽に連絡したいとき …… 30
関係を継続したいとき …… 32
質問・雑談が続かないとき …… 34
立食パーティーで挨拶したあと言葉が出ないとき …… 36
自己紹介をするとき …… 38
初対面で会話をするとき …… 40
年下の人と打ち解けたいとき …… 42
年配の人と打ち解けたいとき …… 44
はじめて組む人と仕事を円滑に進めたいとき …… 46
尊敬する先輩から教えを乞いたいとき …… 48

Contents

店員さんと仲良くなりたいとき……50
お気に入りのお店を見つけたとき……52
訪問先で「今、手が離せない」と言われたとき……54

Chapter 2
お願い《おねがい》／依頼《いらい》

協力を呼びかけるとき……58
仕事を急いでやってもらいたいとき……60
常識の範囲を超えた仕事をお願いしたいとき……62
頼んだ仕事をやってもらえないとき……64
幹事役なのに人が集まらないとき……66
直接聞きにくい話を聞きたいとき……68
偉い人と会う約束を取り付けたいとき……70
偉い人との関係を強くしたいとき……72
雑務をお願いしたいとき……74
大事な役割を譲るとき……76

Chapter 3

お断り《おことわり》／辞退《じたい》

身近な人からのお誘いを断るとき …… 80
知り合いたての人からのお誘いを断るとき …… 82
いったん引き受けたものを断るとき …… 84
キャパシティを超えそうな依頼がきたとき …… 86
相手の要求がエスカレートしてきたとき …… 88
申し出や応募、志願などを断るとき …… 90
あまり気が進まない仕事を頼まれたとき …… 92
苦手なことに誘われたとき …… 94
会を途中で抜けなければいけないとき …… 96
やるかやらないかを決めるとき …… 98

小さなお願いを引き受けるとき …… 102
とっさに意見を求められたとき …… 104

Contents

Chapter 4

返事《へんじ》／反応《はんのう》

提案を否定・却下されたとき 106
相手からしつこく念押しされるとき 108
ほめてもらったとき 110
陰口に巻き込まれそうになったとき 112
ＳＮＳに誇らしい出来事をアップするとき 114
感想を伝えるとき 116
アポイントを確認するとき 118
気の毒に思う気持ちをこめるとき 120
相手にマウンティングされたとき 122
周囲から持ち上げられたとき 124
前にも聞いたような話をされたとき 126
人からなにかしていただいたとき 128
興味のない趣味の話が出てきたとき 130

Chapter 5

提案《ていあん》／主張《しゅちょう》

反対意見を出したいとき 134

話が平行線をたどっているとき 136

このまま話が進んでもメリットがなさそうなとき 138

「この人と一緒に仕事をしたい」と思ったとき 140

お客様に仕事をおさめるとき 142

依頼内容をより明確にしたいとき 144

会議の空気が重いとき 146

根拠のないうわさ話が流れているとき 148

部下の心の状態を確認したいとき 150

提案中に緊張してしまったとき 152

別れ際に会話が盛り上がったとき 154

Contents

Chapter 6

しどう／ちゅうい

指導／注意

部下が何度もミスをくり返すとき 158

新しい案件を開始してもらうとき 160

大事なことに気づいてくれたとき 162

部下のやる気がなさそうなとき 164

自分の気持ちを察してほしかったとき 166

上司から大雑把な注意を受けたとき 168

しくじったとき 170

自主性にまかせたら、誰もやってくれなかったとき 172

コミュニティを離れる人の心をつなぎとめたいとき 174

相手をあきらめさせたくないとき 176

なかなか言うことを聞き入れてくれないとき 178

Chapter 7

反省《はんせい》／謝罪《しゃざい》

誤解で怒らせてしまっているとき……182
クレーム・問い合わせを受けたとき……184
取引先との飲み会で上司が暴走したとき……186
相手を不機嫌にさせてしまったとき……188
相手のことを思い出せないとき……190
うっかり失言してしまったとき……192
ご厚意をいただいたとき……194
ためになることを教わったとき……196
場の話題についていけないとき……198
明らかに相手のミスなのに、相手が自覚していないとき……200
「適当でいいですよ」と言われたとき……202
手土産を渡すとき……206
祝福の言葉をかけるとき……208

Contents

Chapter 8

気配《きくば》り／配慮《はいりょ》

会話が沈黙してしまったとき 210
メンバーに不運な出来事が続いているとき 212
相手が緊張しているとき 214
自分だけ誘われなかったことを知ったとき 216
相手が不安を感じているとき 218
相手が自分を卑下しているとき 220
失礼なことをされたとき 222
ピンチに追い込まれたとき 224
話題を変えたいとき 226
相手にリスペクトの気持ちを伝えたいとき 228
人間関係をリフレッシュしたいとき 230
がんばっている人に声をかけるとき 232
日頃の感謝の気持ちを伝えたいとき 234
あとがき 237

Chapter 1

挨拶《あいさつ》／社交辞令《しゃこうじれい》

コミュニケーションのはじまりは、
社交辞令（ご挨拶）の関係から。
そこからあっという間に
「また会いたい」と思わせてくれる人がいます。
そういう人たちは、一体どんな「社交辞令」を
習慣にしているのでしょうか。

CASE 1

短時間で距離を縮めたいとき

大人の言い方

お目にかかれてよかったです。

↓

かわいい言い方

もっと早く知り合いたかったです。

初対面でうまくいく三ヵ条。それは「笑顔」「リスペクト」そして「大好き！」です。ジャンケンは後出しが有利ですが、人間関係は先出しが有利。**あなたから先に相手に好意を寄せることで、必然的に相手もあなたに好意を抱きやすくなります。**「○○さん、最高だわ～」「面白い方なんですね」「もっと早く知り合いたかったです」「もう○○さん、めっちゃ好きです」と伝えましょう。緊張でうまく話せないときは歯をただニッと出して、目のカタチを笑顔にするだけでも好意は伝わります。

また大切なのは**相手の話に耳を傾けること。その人に興味を持ち、その人の興味を持っていることに興味を持つこと。**すると強い信頼関係（ラポール）が形成されます。〝合いの手〟は〝愛の手〟です。相手が自分の話に夢中になってしまうくらい「へ～！」「なるほど！」「そうだったのか」「びっくりした」「はじめて聞きました」「それは面白いですね」と返しましょう。そんな風に相手の話を深掘りして聞くクセをつけると、社会の仕組みがどんどん見えてきます。

またその場にはいない人を、絶賛するのもいいですね。**脳は〝主語〟を認識しないそうなので、相手もほめられた気分になります。**相手は含み笑いが伝染するような雰囲気で話すあなたに魅了されていくでしょう。

CASE 2

緊張する相手に自己紹介するとき

大人の言い方

私は○○関係の仕事をしています。

かわいい言い方

私は○○関係の仕事をしているのですが、どんなお仕事をなさっていますか？

初対面の人と会ったとき、あなたはどんな自己紹介をしていますか。

自己紹介というものは、自分のことについて知ってほしいからするもの。

だけど残念なことに、ほとんどの人は自分のことにしか興味がないので、なかなか聞く耳を持ってくれません。

そこでおすすめなのは、**「自分が伝えたいことを、質問のカタチにして投げかける」というやり方**です。

たとえば自分の職業や売っている商品をアピールしたいとき、「私の仕事は〇〇なんですが、どういったお仕事をされていますか？」。

「どんな商品を扱っていらっしゃいますか？　私は〇〇を扱わせていただいているのですが」といった具合に。あくまでも相手の情報にフォーカスを当てつつ、**こちらの伝えたいことをこっそり忍ばせる**のです。

すると相手は自分のことばかりしゃべった感覚がありますが、あとになって「そういえばあの人の職業は〇〇だったな」という記憶だけが残ります。

まるでサブリミナル効果のように、あなたにまつわる情報を認識してもらえるでしょう。

CASE 3

相手の変化をほめたいとき

大人の言い方

その髪型かわいいですね。

↓

かわいい言い方

髪、切りましたね。

以前、フランスに住んでいたときに、街で「その服はどこの服？　どこで手に入れたの？」と声をかけられたことがあり、その日一日ハッピーでした。いまだにその服を着るたびにそのことを思い出し、ぼくは幸せな気持ちになれます。しかしよく考えてみると、質問はされたものの、評価はされていない。そこに気持ちよさがあったのです。同僚や友だちとのコミュニケーションでもこの方法は有効です。

大事なことは、「事実のみを伝える」ということ。

「髪の毛、切りましたよね」と伝えると、よく「わ。気づいてくれてありがとう〜。昨日、切ったんですよ」とよろこんでもらえます。似合っているとも、かわいいとも言っておらず、事実を伝えただけなのにです。

「早くから会社に来ていますね」「片付けてくれたんですね」「3回も、先方に連絡してくれたんですってね」も同様です。いずれも評価せず、事実を伝えただけですが、相手はきっといい気持ちになります。

心理学者のアドラーは、**「人はほめると、さらにほめられることを求め、自立心が損なわれ、依存体質を作ってしまう」**と言います。人を育てるには「上から評価してほめる」のではなく「横から勇気づける」ことが有効なのだそうです。

CASE 4

疎遠になった人に気楽に連絡したいとき

大人の言い方

大変ご無沙汰しています。

↓

かわいい言い方

そちらは大丈夫ですか？

疎遠になっている人とまたつながりたい。仲良くなった人との関係をキープしたい。そんな願いは今やSNSのおかげで簡単にかなうようになりました。「お元気ですかー?」「あれ急にどうしました?」「話していたらたまたま○○さんのことが話題に出たので、なにしているかなと思って」といったやり取りも自然です。

ただもっと気軽につながるために、ぼくはこんなこともしています。

ぼくは誰かと知り合うたびに、**その人の仕事や地元、家族構成などを、連絡帳に簡単にメモ**しています（例・山田太郎／愛知県出身／京都在住／ハンドボール／グルメ）。それでたとえば「○○県で大きな地震」みたいなニュースを見かけたら、連絡帳で「○○県」と検索をかけ、ヒットした人に「地震、大丈夫ですか?」とメッセージを送るようにしています。すると「こっちは大丈夫。わざわざ連絡くれてありがとう」「久しぶりにメッセージをもらえてうれしいです」というような返信をいただきます。**災害だけではなく、グルメでも、イベントでも、スポーツや趣味でも、**その人に関連する情報があったらなんでも送り、いただく反応を楽しんでいます。そうすることで「あなたのことを気にかけていますよ」という気持ちが伝わっていきます。

CASE 5

関係を継続したいとき

大人の言い方

今後ともよろしくお願いします。

↓

かわいい言い方

おすすめを教えていただけませんか？

「朝起きて家から出たら、一番はじめに目についたゴミを拾うこと。2個あっても1個でいいので必ず拾うこと。そして**その日、はじめて出会った人に、知り合いでも、そうではなくても必ず挨拶すること**」これがなぜか運を良くする習慣だそうです。

すべてのコミュニケーションは挨拶からはじまります。そこからさらに人と仲良くなるためには、なにかきっかけがほしいもの。しかしそれが見当たらない。**そんなときに使えるワザが「お願い事をする」です。**一見なんでもないことですが確実に効果があります。

せっかくお会いしたのに「またぜひ今後ともよろしくお願いします」なんて声をかけたとしても、なかなか次にはつながらないもの。そこで〝小さな借り〟を作るのです。**「さっき話題に出たサイトを送ってもらう」「スマホの充電器を借りる」「おすすめのお店、映画、商品を教えてもらう」**など、相手の迷惑にならないレベルの簡単なお願いをするのです。相手が快諾してくれたら、次はあなたが恩を返す番となります。「先日はありがとうございました。あのお店、行ってきました！」ということで「よかったらこれを！」と小さなプレゼントを渡す。こうしてお付き合いをスタートさせていきます。

CASE 6

質問・雑談が続かないとき

大人の言い方

担当部署はどちらですか？

かわいい言い方

どんな業務を担当されていますか？

たくさん質問をしているのに、会話がなかなか広がらない。

そんなときはまず質問の仕方に注意しましょう。

質問には回答が限定されるクローズド・クエスチョンと、自由に答えられるオープン・クエスチョンがあります。

たとえば「前職は営業なんですって?」はクローズド・クエスチョンで、「前職は営業だと聞いたのですが、どんな経験をなさいましたか?」はオープン・クエスチョンです。**会話を広げたいときは、まず自由に答えられるオープン・クエスチョン**にしましょう。そして**会話が広がったら、回答者が答えやすいクローズド・クエスチョン**に切り替えます。

そのあとは、相手の頭の中を整理してあげるつもりで聞くだけ。現場検証的な聞き取り調査です。被害者が倒れていたのはここですか? ここに凶器が落ちていましたか? 血痕は残っていましたか? というイメージで点検してあげます。

私たちの頭の中はつねに散らかっているので、それらを第三者に一つひとつ引き出してもらうと、**一つひとつスッキリしていく。**そうするともっとしゃべりたいと思います。相手にとっては、すばらしい会話の時間を経験したということになります。

CASE 7

立食パーティーで挨拶したあと言葉が出ないとき

大人の言い方

よく存じ上げています。

↓

かわいい言い方

お会いできて感動です！

「立食パーティーが苦手」という人は多いようです。

どこにいても、どこに移動してもいいという自由さがある分、逃げ道もありますが、つねに逃げていいては何のためにそのパーティーに来たのかわかりませんよね。

人は「安心感があること」「自信があること」「やり方がわかること」を求めますが、その欲求にばかり従っていると、現状維持から抜け出せません。「安心できなくて」「自信がなくて」「やり方もわからない」からこそ成長できる。自分の安全地帯から出ると、人は誰でも緊張するもの。

パーティーは楽しむ場所であるのと同時に、あなたを成長させてくれる場所なのです。積極的に人と交わり、新しい情報や、新しい人脈を作りましょう。

ご無沙汰になっていた人との関係性をリフレッシュさせたり、知り合いを誰かに紹介したりすることもできます。

雲の上の存在のような人にも積極的に話しかけましょう。ただし初対面の会話はデリカシーが問われます。はじめは「人生にこんな瞬間があるなんて！　お会いできて感動です。幸せです」と**シンプルな気持ちだけを伝えるとよい**でしょう。

CASE 8

自己紹介をするとき

大人の言い方

こういう仕事をやっています。

かわいい言い方

こういう仕事をさせていただいています。

コミュニケーションは「自分が思っている7割の力」がいいと思っています。話すスピードも7割、声の大きさも7割、情報量も7割。そして自己紹介も7割がよいでしょう。

自分のことを大きく見せようとするよりも、謙虚さをまとい、少しおさえ気味の方が凄みを出せるからです。

たとえば小さなことですが、仕事についてたずねたとき「写真を撮っています」と言う人よりも、「写真を撮らせていただいています」と言う人の方が大物だと感じられないでしょうか。同様に「モデルをやっています」と「モデルのお仕事をやらせていただいています」もそうですし、「よくテレビに出ています」と「テレビ局からお仕事をいただいています」もそうです。

自分の仕事について〝させていただいています〟と言える人は、なかなか立派なポジションにいる人という印象を受けます。

それだけ「この人は一体何者なんだろう?」と相手の興味を引くし、「この人は仕事に対して誠実そうだ」と信頼を寄せてくれるはず。**「じつはすごい人なんじゃないか?」**という想像の余地が残っているから気になるのです。

CASE 9

初対面で会話をするとき

大人の言い方

私はこういう実績があります。

かわいい言い方

（あなたについて）質問してもいいですか？

一目置かれたい。尊敬されたい。一人前の扱いを受けたい。

初対面ではついそんな気持ちが働いて、**自分のことをアピールしたくなる**もの。しかしこんな実験結果があります。ジョージ・メイソン大学で行われた心理学者トッド・カシュダンたちによる実験です。

仕掛け人は初対面の被験者と5分間だけ会話をします。相手との共通点ではなく、相違点に関心をしめし、**謙虚な姿勢で傾聴を続けます。**会話のあと、被験者は仕掛け人に対して、「自信に満ちている」「エネルギーがあふれている」など好意的な印象を持ったそうです。弱い犬ほどよく吠える。実るほど頭を垂れる稲穂かな。**一目置かれたり、尊敬されたり、一人前の扱いを受けたりしている人ほど、自分の話をせず、相手を立てようとするのです。**

〝1・自分の話をあまりしない。2・頭を下げることをいとわない。3・不運な出来事を他人のせいにしない。4・たいてい自分はいつでも後回し。5・基本的に我慢強い。6・実はプライドが高い。7・見返りを求めない。8・時に謙虚すぎて頑固者である。9・ちょっとだけ人生損している自覚がある。〟（「謙虚な人に共通する9つの特徴」RIN／TABI LABOより引用）

CASE 10

年下の人と打ち解けたいとき

大人の言い方

わっかーい!

かわいい言い方

同じ年の有名人は誰ですか。

自分より年下の人に対して**「いくつ？　え？　わっかーい！」と言うのはやめましょう。**昔、大人から言われた苦い経験があなたにもあるはずです。そう言われてうれしいことはなにもなく、お互いの間に〝年齢の壁〟ができてしまうだけです。

年下の人との心の距離を近づけるために有効な質問。

それは「同じ年の有名人って誰がいる？」です。俳優、スポーツ選手、アーティスト、アイドルなど、知っている名前を挙げてくれたら「ビッグネームぞろいの年代だね」と最後に言い添えましょう。それだけで、相手はうれしい気持ちになり、セルフイメージもアップするでしょう。反対にあなたの知らない人物だったら、くわしく教えてもらうことで、相手の年代のことを深く知れるチャンスにもなります。

そしてもし相手から「この先、年齢を重ねるとどうか？」と聞かれたら、ぼくはこんな風に答えています。30代はなるのがこわかったけれど、なってみると意外となにも変わらなかったよ。40代になると親の介護や子供の進路の話などがはじまりだすよ（親は70代、子供たちは10歳前後の年齢）。50代になると人生を逆算するようになり、もっと人生を大切に生きたいと思いはじめるよ。これまでも楽しかったけれど、**これから先もどんな風景を見られるのかとても楽しみ**だよ、と。

CASE 11

年配の人と打ち解けたいとき

大人の言い方

お生まれはいつですか？

↓

かわいい言い方

小中高のときはどんなものが流行していましたか。

年上の方々とコミュニケーションを取るすばらしい方法。それはこの質問を投げかけてみることです。**「小中高のときはどんなものが流行したか、どの街で遊んでいましたか？」流行した映画、音楽、ファッションはなんだったか、どの街で遊んでいたか、修学旅行はどこだったかなどの質問**は、その時代にお連れする〝タイムマシン〟となるのです。「そうだな～」と相手が天をあおいだら、キラキラした情報があふれていきます。動画配信サービスが充実している時代ですから「映画だったら『2001年宇宙の旅』に衝撃を受けたよ」と聞けば、「今晩、観てみます！」と即答することができます。「だったら、『グラン・ブルー』もいいよ」「ブレードランナーも観てほしい」「『ベティ・ブルー』もすばらしいよ」と情報のオンパレードになっても、**今だったらその場でスマホで検索して「この映画ですか？」と確認**することもできます。音楽なら「あのころ、フージーズにはまっていたな」「Maxwell's Urban Hang Suite は今聴いても新しいよ」「シャーデーはぼくの青春だな～」と教えてもらえば、**「この曲ですか？」とスマホで流す**のもいいですね。

学校の授業では聞けない、〝その時代の情報〟を集めて、点が線になっていく快感を経験してほしいものです。

CASE 12

はじめて組む人と仕事を円滑に進めたいとき

大人の言い方

飲みに行きませんか。

↓

かわいい言い方

"びっくりするお店" があるので行きませんか。

サッカー、野球、バスケなどの国際試合は〝選抜チーム〟で挑みます。しかし「氷上の詰将棋」と言われるカーリングは〝優勝チーム〟で挑みます。

優れた選手ばかりを集めるより、**「いつもの仲間」で戦う方が強い**のだそうです。仕事のチーム作りも同じことが当てはまるでしょう。仕事のクオリティを決めるのは、**一人ひとりの仕事の能力よりも、一緒に仕事をする人との信頼関係**です。

グーグルジャパンは、採用試験の最後に〝エアポートテスト〟というテストを行うそうです。「この人と一緒に空港で一晩閉じ込められても耐えられるか」と自問自答して、一緒にいられると判断した人のみ採用する。それくらい仲間意識を大切にしているのだとか。

仕事をはじめる前に信頼関係を築いておきたい。そのためにまず飲みに誘うのもいいでしょう。しかしもっとおすすめなのは、**一緒にユニークな体験を共有**することです。たとえば衝撃的においしいお店や、入るのに勇気がいるような未知のお店や、はじめての山登りを一緒に体験することで、「面白かったですね」「すごかったですね」「他の人に言ってもわからないよね」という感想とともに、一気に心の距離が縮まり、信頼関係を築くことができるでしょう。

CASE 13

尊敬する先輩から教えを乞いたいとき

大人の言い方

困っているので助けてください。

↓

かわいい言い方

先輩だったらこんなときどう判断しますか？

相談をするときに、気がつくと心配事をただ並べているだけのときがあります。「○○がなかなかうまくいかないのです」「○○さんから悪く言われているのです」と愚痴言い続けても、あまり意味がありません。

相談事に〝重い念〟がこめられると**聞いている方も負のエネルギーを受け**、心が重くなってしまいます。また「私は努力しています」というアピールのために相談事を持ちかける人もいますが、尊敬する大先輩の目には、ただただ問題に呑み込まれている人と映るので、おすすめできません。尊敬する人にヒントを求めるなら、**真剣に悩んでいるあなたの問題を、いかに「ライトに加工して」先輩に伝えるか**が重要です。

そこで「先輩だったらこんなときどう判断しますか？」と前置きをして、ケーススタディとして、クイズのように相談事を持ち出します。なにか答えてくれたら、うーんと重い返事をしたり、シーンと無反応になったりしてはダメ。「なるほど！」「そうですよね！」「ということは……○○ですよね」と**明るく、心地よくレスポンスを返すことで、名案をいただけるもの**です。さらに「今日は相談してよかったです！　急に心が軽くなりました」と明るくお礼を言えば、先輩も「なんでも相談しにおいで」と気分よく、次も相談を受けてくれることでしょう。

CASE 14

店員さんと仲良くなりたいとき

大人の言い方

店員さん、お皿を下げてくれる?

↓

かわいい言い方

◯◯さん、お皿を下げていただけますか。
ところで◯◯さんのご出身は?

どうしたら店員さんと仲良くできるのでしょうか。

はじめはお互いに**「お客さん」「店員さん」というレッテルが貼られた状態**です。そこには暗黙の上下関係があります。まずその関係を壊すのがはじまりです。

まず店員さんの名札を見て、その人を名前で呼んでみましょう。

するとその瞬間、「店員」から「○○さん」という一個人に変わります。その人自身に向かって話しかけてみてください。

こんな具合です。「メニューの確認をさせていただきます。カルボナーラふたつとホットコーヒーふたつですね」「はいバッチリです。ところで、○○さんご出身は？」「え、山梨です」「甲府？」「はい甲府です！」たったこれだけのやり取りでも、その後フレンドリーに対応してくれるようになります。また次にお冷を注ぎに来てくれて「この店は長いんですか？」「先月からです」「ああそうなんですか。その前も飲食関係？」「はい、高校時代のアルバイトから飲食業が好きで」「ああ、そうなんだー」、こうしてさらに対応がフレンドリーになるのです。

他にもタクシーの運転手さん、ホテルのスタッフさん、ガソリンスタンドの従業員さんなどとも、**「その人自身と話す」ということ**を試してみてください。

CASE 15

お気に入りのお店を見つけたとき

大人の言い方

ごちそうさまー。

↓

かわいい言い方

ほんっとにおいしかったです！

「本当においしかったです」「ブログにのせてもいいですか？」「いいお店だと聞いていましたが、本当ですね」「今度、また友だちと来ます！」などと、**お店を出るときに残すひと言って、じつはめちゃくちゃ大切なこと**ではないかと思っています。

たったそのひと言がきっかけで、お店の人と顔なじみになれることがよくあるからです。次に訪れたときに挨拶してくださったり、「これをよかったら食べませんか？」と特別メニューを出してくださったり、「お席、なんとかしますね」と予約を優先的に取ってくださったりすることもあります。

そのときに同席する人がいれば、「常連なんですね」とか「さすがですね」とよろこばれることもあり、誇らしい気持ちになります。

さらに店主と親しくなったら、いつものお礼がわりに、休業日やお客さんがあまり来ない時間帯に**お店を貸し切って、勉強会などを開く**のもいいですね。

こうして訪れるのが楽しみな店が一軒、また一軒と増えていきます。

お気に入りのお店を見つけたら、**「この店の10個の素敵」な点をリスト化してみるのもいいかも**しれません。お店の人に伝えたらよろこばれるし、あなたの審美眼も磨かれていきます。

CASE 16

訪問先で「今、手が離せない」と言われたとき

大人の言い方

ちょっとだけでいいのでお時間ください。

↓

かわいい言い方

わかりました。ではまた来ます！

この人にプッシュしたい。売り込んでおきたい。そんな風に欲が出て、強引になりそうなときはありませんか。

人間関係において焦りは禁物。求めすぎると、その人を遠ざけます。営業でもパーティーでも同じ。**無理に引き止めようとすれば、それが最後の出会いになってしまうかもしれません。**

「ちょっと今、手が離せないので」「また今度にしてくれる？」などと断られたときは、**相手が拍子抜けするくらいきっぱりと「わかりました。ではまた来ます」と立ち去りましょう。**

人間関係の距離を縮めるのは、話した時間の長さではなく会う回数。

ですから相手がこちらに興味を持ってくれるまで、「たまたま近くに来ましたので」「お見かけしましたので」と何度も会いに行きましょう。それでも断られたら何度でも「また来ます」とさわやかに去ります。

やがて何度か顔を見せるうちに、**相手の心の中であなたの存在感が増していく**でしょう。ご縁があればきっとつながる。そう信じ、関係をゆっくり作っていきたいものです。

下心がないのが下心。

Chapter 2

お願い《おねがい》／依頼《いらい》

ビジネスの世界では、
上を見れば見るほど“人を頼るのが上手”な人ばかり。
「いかに自分の能力を発揮するか」よりも
「いかに人の力を借りられるか」の方が大切です。
相手に気持ちよく引き受けてもらえる人になるには
どうしたらいいのでしょうか？

CASE 17

協力を呼びかけるとき

大人の言い方

協力してください。

かわいい言い方

チカラを貸してください。

チーム一丸となって、大きな成果を出したい。

しかし「やってくれる?」「協力してくれる?」「ご協力をお願いします」と声をかけても、なぜかひとつにまとまっている気がしない。みんなからあまりやる気が感じられない。そんなときどんな風に声をかければいいのでしょうか。

おすすめの魔法の言葉が「チカラをお借りしたいのです」です。

相手はその言葉を聞いた瞬間、「自分の存在が必要とされている」と感じられるだけでなく、**「他人の考えによって動く」から「自分の考えによって動く」という立場に切り替わり、**それならばやろうと思う大きなきっかけにもなります。

もちろん、一人ひとりにその言葉をかけても、賛同者が現れないという場合もあるでしょう。

その場合は少し厳しい言い方ですが、「あなたに返す恩はない状態」ということになります。

一番大切なことは、ふだんから「なにかあったら、あなたに返したい」と思っていただけるような関係を築いていくことですよね。

つねに与えること。つねに愛することです。

CASE 18

仕事を急いでやってもらいたいとき

大人の言い方

急いでやっていただけますか。

かわいい言い方

ただただ申し訳ないという話なのです。

相手の負担があまりにも大きい。そんな大変なお願い事をするときは、どう伝えたらいいかわからなくて、つい先送りしたくなるもの。でもいつかは伝えないといけない。ならばどう伝えればいいのか。

大変な依頼内容は先に話すと、相手にショックを与えるかもしれません。ですから、ぼくはこんな順序で伝えることにしています。まず最初に「ただただ申し訳ないという気持ちでいっぱいなのです」という**謝罪をします**。相手が「早く教えてください。なんかこわいよ〜」と本題を催促しはじめたら、「じつはこういう事情がありまして」と**理由を説明します**。そして「〇〇さんのチカラを借りて、要するにこれをお願いしたいのです」という**本題は最後に伝えます**。

普通ならば「A・〇〇をやってほしい（本題）」「B・なぜならこうだから（理由）」「C・申し訳ありません（謝罪）」という具合に、A→B→Cの順番で話すところを、**「C・申し訳ありません（謝罪）」「B・こういうわけで（理由）」「A・〇〇をやってほしい（本題）」という具合に、C→B→Aの順番で話す**のです。

こうして先に「聞くことに対する覚悟」を持ってもらった上で、重要度をお伝えすることによって、引き受けていただける可能性は高まります。

CASE 19

常識の範囲を超えた仕事をお願いしたいとき

大人の言い方

なんとかお願いします。

↓

かわいい言い方

私の個人的なわがままなのです。

大きな物事を成し遂げるには「オールウィン」である必要があります。双方にとってメリットがあること。八方良しであること。**携わる人にも、社会にも、世界にも、環境にも良いことが求められます。**

しかし相手にとってもメリットがないわけではないが、「あなたにとってもメリットですよね」と言い切るには「なにかが違うかな」と感じるときがあります。「そこまで興味があるわけではないです」という返答がくるのではないか？「そこまでしないとダメですか」と呆れられたらどうしよう？　しかし、ワンチャンスあるかも。提案だけでもさせていただきたい。そんなときには**「これは、私の個人的なわがままなのですが……」と切り出してみる**のはいかがでしょうか。

「今から提案させていただくことは、私の個人的なわがままなのです。もし『それはないでしょう』ということでしたら、何の問題もないので、今日のことはお忘れくださいい」という具合です。

仕事のルールに照らし合わせれば、**こんな相談をすること自体が間違っている。それがわかった上でのお願いなのですという姿勢が大切**です。また、それ自体を無理強いする気はとうていないこともしっかりと伝えたいです。

CASE 20

頼んだ仕事をやってもらえないとき

大人の言い方

早くやってください。

かわいい言い方

どっちから先にやりましょうか？

「今月中に仕上げる」という目標を立てる。そのとき、「今月中に仕上げるぞ！」と決意するよりも、「今月中にできるのかな？」と疑問を投げかけた方が、自分を動かしやすいようです（脳には疑問形を投げかけられると、思考を勝手に前に進ませてしまう性質があります）。さらに「資料を1枚だけ読む？」「メールを3通だけ返す？」「原稿を1行だけ書く？」などと**一つひとつのステップを小さくすると、心理的ハードルが下がります**（これを〝ベイビーステップ〟と言います）。

「お風呂に入りなさい」と子供に伝えてもなかなか動いてくれない。そんなときに「先に歯磨きにする？　それともお風呂に入る？」と選択肢を与えれば、子供はどちらかを選び、行動に移しやすいですよね。このように「やるか？　やらないか？」という大きな決断ではなく、**やる前提で、「どっちをやるか？」という小さな選択肢を与えられると、人はついいずれかを選んで動いてしまうのです。**不動産の営業マンも、〝家を買う〟という大きな決断は据え置き、「とりあえず先に資金のシミュレーションをしますか？　それとも内見だけでもしておきますか？」という言い回しを使います。どちらも家を買うというゴールまでに必要なステップですが、**選択するだけなので、行動を起こすことに対する心理的ハードルを低く感じさせる**効果があるのです。

CASE 21

幹事役なのに人が集まらないとき

大人の言い方

お世話になっているのですから、
参加しましょうよ。

↓

かわいい言い方

申し訳ないですが、
助けていただけませんか。

グループのとりまとめ役となり、人を集めることになった。

本番までもうほとんど日がない。それなのに参加の申し出がゼロに近い。このままだと主催者の顔にドロをぬってしまう。

どうしようと焦りながらも、心のどこかで怒りも感じている。

「なんで自分ばっかりかり大変な思いをしなきゃいけないいんだ」と幹事という役割は**やりがいもある一方、このような被害者意識も生まれやすい**ものです。

だからつい周囲に「幹事をまかされて困っているのだけど」と愚痴ったり、「お世話になっている人のお祝いの会なのだから参加するべきでしょう」と正論をぶつけたり、「みんなに参加するように言っておいて」と役目を押し付けたりしてしまう。しかし**そうすると確実に煙たがられる**ので損ですよね。

人が集まらないときはみんなではなく、ひとりに向かって声をかけましょう。そしてこう言うのです。「本当に申し訳ないけれど、助けてくれませんか?」と。

人が集まるという結果にしたい。でも自分ひとりではどうにもならない。だからあなたの力が必要だ。面と向かってそう言えば、協力してくれる人はきっと現れます。

一人ひとり声をかけているうちに、ある時点から一気に集まりはじめるのです。

CASE 22

直接聞きにくい話を聞きたいとき

大人の言い方

お金の話ですが、
おいくらくらいになりますか？

↓

かわいい言い方

**具体的なお話ができる方を
ご紹介いただけますか？**

交渉事において、お金の話や条件の話など、ご本人とお話しするのが難しい話題があります。カジュアルな関係だったら「ぶっちゃけいくらでやってもらえますか？」とか「もう少し、安くしていただけませんか？」と聞けたとしても、そうはいかないデリケートなケースもよくあります。

直接聞きにくいことは、ご本人に直接たずねるよりも、〝他の人を介して進める姿勢〟を見せた方が無難です。**たとえば「具体的な条件についてお話しできる方を、どなたか紹介していただけますか？」と切り出してみましょう。**結果的に「いえいえ、私でかまいませんよ」と言ってくださるかもしれませんが、そのステップを踏んでおけば、いきなり緊張関係になることは避けられるはずです。

ぼくが20代のころ、ただ若いからという理由で不利な条件を提示されることがありました。そのときは必ず「スタッフから連絡をさせます」とお伝えし、ぼくの考えのかわりに、スタッフの口から「ヤマザキは今これぐらいの条件でお仕事をやらせてもらっています」という風に伝えてもらっていました。

対面では謙虚に、距離なくお付き合いをする。しかし、**言いたいことは第三者を通じてやんわりと伝える**ことで、お互いに心地よい精神的距離を保てるのです。

CASE 23

偉い人と会う約束を取り付けたいとき

大人の言い方

お時間をください。

↓

かわいい言い方

取材をさせてください。

自分より立場がかなり上の偉い人がいて、その人とつながりを持ちたい。しかし、先方にとっては自分と会うメリットがない。

そんなとき真正面から「会いたいです」「時間をください」「話を聞いてください」とお願いしても、なかなかアポイントが取れないかもしれません。それでもどうしても知り合いたいときの奥の手。**それは「取材を申し込む」という方法です（これを「取材営業」と呼ぶようです）。**

「取材なら」ということで会っていただきやすくなります。運良くアポイントが取れたら、「質問リスト」を用意しましょう。質問内容は「学生時代はどんなことに打ち込みましたか？」「その経験から学んだことはなんですか？」「成功の秘訣はなんですか？」「人間関係の極意を教えてください」といった感じです。質問リストさえ手元にあれば、現場で多少緊張しても、落ち着いてお話しすることができるでしょう。

取材で得たことは記事にまとめ、内容の確認をお願いし、ＳＮＳ、ブログ、ユーチューブなどに発信します。

これで取材は完了です。そしてあなたは、普通ならば出会えないような人物と知り合うことができたわけです。

CASE 24

偉い人との関係を強くしたいとき

大人の言い方

またお時間をください。

↓

かわいい言い方

◯◯さんに△△さんの話をしたら
興味を持っていらっしゃいました。

人は無意識のうちに、相手のレベルを推し量っています。

そしてレベルが高い人ほど、レベルの低い人がデリカシーなく自分に近づくことを嫌います。レベルの高い人と対等に話すには、自分をレベルアップさせるしかありません。しかり道のりは長い。その道のりを一気にショートカットできるのが、先にご紹介した「取材営業」という方法でした。

しかし、この「取材営業」はあくまでも関係を作るきっかけ。

本当に難しいのはその関係をキープすることです。一体どうしたら、相手に「この人は必要だ」と思ってもらえるのでしょうか。

ここでいいアイディアがあります。**それは、取材営業によって知り合った「偉い人」同士をおつなぎするのです。**たとえばこんな具合に。

「A社長のことを話しましたら、B社長がとてもご興味を持っていらっしゃったので、よかったらご紹介したいのですが」

「社長同士の引き合わせ」という名目であれば、再び会ってもらえる可能性は高くなります。そして社長同士なら、会話も盛り上がりやすいものです。するとあなたは**二人のハブ（つなぎ役）**として、二人にとって必要な存在になるのです。

CASE 25

雑務をお願いしたいとき

大人の言い方

この仕事をお願いしたいのですが。

↓

かわいい言い方

○○さんにお願いしたいことがあるのです。

苦手な仕事、ひとりではできない仕事など、誰かのサポートを得たい仕事があるとします。それもやっつけ仕事では困る。**「圧倒的当事者意識」**を持って仲間に加わってほしい。

そんな状況のとき、どんな風に声をかけると、心地よく引き受けてもらえるものでしょうか。

「あの……お願いがあるのですが」と神妙に切り出すのはおすすめしません。お願いの内容よりも（暗さや重さ）が先走り、相手は身構えてしまうからです。

使ってほしい言葉は**「○○さんにお願いしたいことがあって」**です。

これは相手を陽のエネルギーで満たす魔法の言葉。

突然そんな風に言われると、相手はつい「え？　私にできること？」「できることなら全然、かまいませんよ」と心を開いてしまうのです。

「どんなことをしたらいいのですか？」と聞かれたとき、「いろいろとあるのですが……」とあいまいにするのはやめましょう。再び心を閉ざしてしまいます。

すかさず、的確に、手短に「○○さんにはこれをいついつまでに仕上げるお手伝いをお願いしたいのです」と答えられる準備が必要です。

CASE 26

大事な役割を譲るとき

大人の言い方

おまかせできるなら安心です。

↓

かわいい言い方

本当は自分がやりたいと思っていました。

企画、プロジェクト、担当エリアなど「本当は譲りたくない」「もっと続けたい」「自分にしかできない」、そう思える仕事があるのは幸せなことです。

しかし立場的に人に譲らないといけないこともある。なかなか心苦しいシーンですね。「よろこんでおまかせします！」と言ったら嘘になります。そんなとき、どんな言葉をかけたらいいのでしょうか。

ここは娘を嫁に出すような気持ちで**「本当はお渡ししたくないのです」「本当はこの仕事は自分がやりたかったのです」と正直に伝えましょう。**

その上で、なぜこの仕事を〝自分が〟やりたかったのか、理由を伝えます。

次に、なぜこの仕事を〝あなたに〟おまかせしたいのか、その理由も伝えます。

「自分がやりたい」「あなたにまかせたい」このふたつの気持ちがぶつかった。

その結果、まかせたいという気持ちが勝った、ということを伝えるのです。

その**小さなストーリーを伝えること**で、その仕事に対するあなたの思いを共有できることになります。

成功する人は、お願い上手。

Chapter 3

お断り《おことわり》／辞退《じたい》

がっかりさせたくない。かといって嘘もつきたくない。
断るのって、なんでいつもこんなに心苦しいのでしょう。
相手を嫌な気持ちにさせない、
未来につながるスマートな断り方とはどういうものか？
一緒に考えていきましょう。

CASE 27

身近な人からのお誘いを断るとき

大人の言い方

こういう理由で行けないのです。

かわいい言い方

行けなくてすごく残念です。

忙しくて時間が取れないときや、気乗りしないときもあるかもしれません。
でもパーティー、イベント、飲み会などのお誘いを受けたときは、ぼくはできるだけ参加するようにしています。

誘われるということは、**そこに自分にとって有益な「縁」と「ヒント」が隠されているかもしれない**と思うからです。

それでも事情によって、どうしても参加できないときもあります。行こうかどうしようか迷ったら行くべきです。そんなときはどんな風にお断りすれば、相手に感じよく伝わるのでしょうか。

中には**「行けない理由」を一生懸命説明しようとする人**がいます。相手に対する申し訳ない気持ちがそうさせるのだと思いますが、これはきっと逆効果でしょう。「あなたとの予定よりも、こちらの予定の方が私にとっては価値が上だ」という考えを強調するだけだからです。

それよりも**一生懸命伝えるべきは「行けなくて残念な気持ち」**なのです。行きたかったのに残念です、ああすごく悔しいな、なんでよりによって日程がかぶっちゃっているんだろう、次があったら絶対誘ってください、という具合に。断る残念さを伝えることによって、むしろ関係が良くなったら最高ですね。

CASE 28

知り合いたての人からのお誘いを断るとき

大人の言い方

参加できなくて申し訳ありません。

かわいい言い方

参加できませんが、お誘いうれしいです。

誰かと知り合い、お誘いをいただく。

ありがたいことですが、どうしてもその日参加することができない。そんなときは「残念です」という気持ちを伝える以上に、**「誘っていただけてうれしい」という気持ちをお伝えしたい**ものです。

ぼくももちろんお誘いを断られることがあります。

ただ、みなさんお忙しくされているので、断られても特に気にするわけではありません。しかし昔、こんな素敵な気配りをしてくれた方がいて、めちゃくちゃ感動したことがあります。**パーティー会場に行ってみるとワインが届いている。**「これは？」とたずねると、「先ほど男性の方が来られて、これをヤマザキさんに渡してほしいと」とスタッフさん。

そのワインには手紙も添えられていました。

「ヤマザキさんからお誘いいただいて、うれしかったです。スケジュールが合わず、ワインだけ届けにまいりました」

この心づかいにぼくはとても感動しました。それ以来、ぼくもことあるごとに、**誘ってくれたお礼のかわりにワインやお花をお届けする**ようにしています。

CASE 29

いったん引き受けたものを断るとき

大人の言い方

やっぱり難しいとわかったので。

↓

かわいい言い方

このままだとご迷惑をおかけすることになるので。

いったん引き受けてしまったが、よく考えたら時間的、労力的、能力的に厳しかった。やっぱり断るべきだった。と、あとになって後悔する仕事ってありますよね。**お断りするならできるだけ早い方がいい。**ですが、相手の期待を裏切ることになるのでなかなか伝えられない。「良い理由」が思いつかず、なかなか連絡する勇気が出ないまま、ずるずると時間だけが経過していく。

そんなときは、あなたの事情を説明するよりも先に**「お受けしたいけれど、このままでは迷惑をかけてしまうかもしれない」という率直な気持ち**を伝えた方が、感じよく伝わるでしょう。このままだと「まかせてよかった」とよろこんでいただけるような仕事をする自信が今の私にはない。しかしそれではお互い得をしない、ということが相手に暗に伝わります。

さらにできることなら、他にできることがあればよろこんでやるし、**ふさわしい人を探す手伝いはする**、という姿勢も見せましょう。

そこまで丁寧に伝えれば、仮にがっかりされてしまうことはあったとしても、「また別の機会に仕事をくれるチャンス」を失うことはなく、傷を最小限にとどめることができるでしょう。

CASE 30

キャパシティを超えそうな依頼がきたとき

大人の言い方

なんとかやってみます。

かわいい言い方

このレベルまでならばできます。

明らかに自分のレベルを超えた仕事がきた。

しかし限界の向こう側に成長がある！　とポジティブに考え、なんでも「なんとかやってみます」と安請け合いしてしまっていませんか。

しかし確実に受けてしまったら穴をあけてしまいそうな仕事というものもあります。穴をあけるたびに信頼を失います。ですから、**どこまでなら無理なくできるのか〝可能な範囲〟を伝えることで相手に安心してもらいましょう。**

ここまでは自分にもできます。でもこれ以上となると厳しいかもしれないので、**なにかいい方法を一緒に考えていただけませんか**、という姿勢を見せるのです。

不得意な仕事なら、その仕事が得意な「あの人に頼んでみてもいいですか?」という言い方もできるし、他の人でもできる仕事なら「外注してもいいでしょうか?」という言い方もできます。

ひとつの仕事は、ひとつの航海。**一歩引いてみれば、同じ船の乗組員**です。誰にその責任をなすりつけようか、というゲームがはじまると、やがてその船は沈んでしまいます。仲間の信頼を集めるためにも、つねに全体の利益を考えた言い方を心がけましょう。

CASE 31

相手の要求がエスカレートしてきたとき

大人の言い方

これ以上は無理です。

かわいい言い方

これ以上は有料です（笑）。

お願い事をされて、最初は気持ちよく仕事をしていた。ところが一度引き受けたら、あれもやって、これもお願いします、と要求が止まらない。そんな相手にはどうやって対処すればいいのでしょうか。

かつてはあえて不機嫌に対応して、相手に「お願いしすぎたかな？」と暗に伝える表現方法が使われたりしていました。

また「ちょっと仕事、多いんですけど！」と露骨に伝えるケースもありました。

ところが〝パワハラ〟〝モラハラ〟という言葉が浸透するにつれて、**不機嫌は「威厳」から「罪」という認識に変わり**、「自分で自分の機嫌が取れない人だ」とただただ評価を下げてしまうようになりました。

ここまで仕事をこなしてきたのだから、評価を下げてしまうのだけは避けたい。

そんなときはユーモアの力で乗り切るしかありません。

「ここまではお受けします。しかしここから先は有料になっております」

「本日の受付は終了いたしました。また明日のご連絡をお待ちしております」

などと言い、**小さな笑いで幕引き**をはかりたいものです。

CASE 32

申し出や応募、志願などを断るとき

大人の言い方

求めているものと違いました。

かわいい言い方

タイミングが合いませんでした。

申し出、応募、志願などを断らなければいけない立場のときもあります。なるべく相手を落ち込ませないように、**明るい雰囲気で別れたい**ものですよね。でも「断る理由」を丁寧に伝えるほど、相手を否定することにもなるので難しい。

どうすればいいか。ぼくの場合は、**レベルに達しているかどうか、他の人と比べてどうかではなく、「タイミングの問題」だと伝えることにしています。**

映画のオーディションでは、若ければいい、美しければいい、演技がうまければいいというわけではなく、監督のほしいイメージにたまたま合うかどうかが重要ですよね。たまたま**「タイミングが合わない」だけであって、あなたの能力を求める人は必ずいる。**だからぜひ他にも声をかけてほしい。そう伝えれば相手をあまり傷つけることもないし、相手の原動力にもつながると思います。

ある社長は、仕事が上り調子になったとき、契約してくれた担当者に「なぜ選んでくれたのか」と聞いて回ったそうです。するとほとんどの担当者はこう答えたそうです。「タイミングがよかった」「前の契約が切れたときに、ちょうど君がいた」と。相手のタイミングを知ることはできませんから、出会った人とのご縁をリフレッシュし続けていくことが大切だと思いました。

CASE 33

あまり気が進まない仕事を頼まれたとき

大人の言い方

やらないとダメでしょうか。

かわいい言い方

少し考える時間をいただけますか？

仕事をくれるということは、本来ありがたいことのはず。それなのに仕事を頼まれて嫌な気持ちになっている。

そんなときは、**その嫌な気持ちを作り出している自分のビリーフ（自分の感情を支える思い込み）を確認するいい機会**かもしれません。少し時間をいただき「どんな仕事だったらやりたいか?」を考えてみましょう。断るのはそれからでも遅くないはずです。ビリーフは判断のベースになっているもの。仕事でいうならば、「仕事は自分のペースでやるもの」「仕事はクリエイティブなもの」「仕事は給料の額に応じた分だけするもの」などがそれにあたります。

自分のビリーフを確認できたら、「そのビリーフを**手放してみたら**、どうなるのか?」という思考実験と、反対に「そのビリーフを疑わず、**100%貫くとするなら**どうするか?」という思考実験をしてみましょう。

たとえば「仕事は自分のペースでやるもの」というビリーフがあるなら、「自分のペースを乱されてもいいとしたらどうか」、反対に「100%自分のペースを守るとしたらどうか」と考えてみます。**両面から考えてみる**ことにより、ビリーフの不具合に気づき、自分の信念体系に手を加えることができます。

CASE 34

苦手なことに誘われたとき

大人の言い方

苦手なので、やめておきます。

↓

かわいい言い方

得意ではありませんが、やってみたいです。

ダンス、カラオケ、ジョギング、ゴルフ、ゲーム……趣味にもいろいろありますが、それぞれ得意・苦手はあるでしょう。もちろんぼくにもあります。

あなたは苦手なことに誘われたらどうしますか？　ぼくのモットーは**「全種目参加」です。**「誘われたら断らない」に挑戦し続けています（ただしバンジージャンプとスカイダイビングをのぞく）。食わず嫌いの人生はもったいないと考えているからです。たとえ苦手そうなことだとしても、「あまり得意ではないですが、やってみたいです」「足手まといになるかもしれませんが、参加してもいいでしょうか？」「今は飲めないのですが、食べる方でがんばります」などと断った上で、**なんでも首を突っ込む**ことにしています。

よく「なんでそんなに仕事も、遊びも複数できるのですか？」と周囲に驚かれますが、答えはシンプル。はじめてみて好きじゃなかったらサクッとやめる、と決めているからです。**はじめるのが苦手な人は、やめるのが苦手な人だと思う**のです。

世の中には「この人は苦手」からはじまって、結婚までいたる人も大勢います。今苦手だと思い込んでいることが、案外、将来のあなたを助けてくれたりするのです。なにごとも〝一生やることはない〟と決めつけず、可能性をのぞいてみましょう。

CASE 35

会を途中で抜けなければいけないとき

大人の言い方

すみません、お先に失礼します。

かわいい言い方

呼んでいただけてうれしかったです。
（目を見ながら、後ずさりしながら）

次の予定が入っていて、食事会や飲み会の途中に抜けなければいけない。

実際、心苦しいシーンですよね。参加者たちに「すみません。お先に失礼します」と手を合わせながら、お会計を済ませ、こそこそと逃げるようにお店を出て行く、というのはよく見られる光景です。

大前提として、ここはみなさんが楽しんでいる会。第一に考えたいのは〝立つ鳥跡を濁さず〟**場の雰囲気を壊さないようにすること。**

加えて言うなら、また会いたいと思っていただけるような、さわやかな印象を残したいものです。

主催者さんに「呼んでいただけてうれしかったです」と伝え、場のリーダーに言葉で、目のサインで、会釈で、中座する心苦しさを伝えたあと、**目を見ながら、後ずさりしながら、笑顔でその場から去りましょう。**

会場を出たら、「楽しかったです。ありがとうございました。ぜひまた、お会いしたいので、お誘いください」というメッセージを即、参加者の皆様へ送りたいものです。**みんなで撮った写真も添える**と、さらに印象は良くなると思います。

CASE 36

やるかやらないかを決めるとき

大人の言い方

○○さんがこう言うので、
やります（やめます）。

↓

かわいい言い方

自分なりにこう思うので、
やります（やめます）。

「都会へ出たい」と娘。「私は反対」と母親。このとき「都会に出るか、出ないか」は娘の課題です。「東京に出るという娘を止めるか、止めないか」は母親の課題です。自分は自分。母親は母親。アドラー心理学では、それぞれの「課題の分離」をすすめています。**相手の課題に踏み込んでしまうと、〝共依存〟の関係になりやすい**からです。

やるか、やらないかの判断はシンプルです。「誰かの反対で断念できる」くらいならば、それほどやりたいことではなかったこと。

しかし**やりたい気持ちはあるけれど、心の中に恐怖心があると、一歩踏み出せない理由を「〇〇が反対するからやめた」と誰かになすりつけたくなる**のです。

そんなときは「もしその人が賛成するなら、できるのか？」と胸に手を当てて聞いてみるといいですね。自分の決断を、つねに他人の課題としてではなく、**自分の課題としてとらえられる人は信頼されます。**

もし来世があるとしても、あなたとしての人生はこれが最初で最後。やりたいことにためらっている時間はありません。やってしまった後悔は日々小さくなり、最後にはいい思い出に変わるはずですから。

迷ったら、迷わずGO。

Chapter 4

返事《へんじ》／反応《はんのう》

人との会話にリハーサルはありません。
とっさのときにどんな返事をするか、
どんな反応を見せるかによって、
人としての力量が問われることもあります。
「この人いいな」と思うリアクションを頭に入れておいて、
反射的に言えるようにしましょう。

CASE 37

小さなお願いを引き受けるとき

大人の言い方

了解です。

かわいい言い方

もちろんです。

ちょっとしたひと言なのに、（素敵だな）（楽になるな）（やさしいな）と思わせてくれる、そんな言葉があります。

ぼくは素敵な人に会うたびに、そんな素敵な言葉を集めてきました。そのうちのひとつが、飛行機のキャビンアテンダントさんの対応です。

ぼくが「すみません、コーヒーをいただいてもいいですか?」とお願いすると**「もちろんでございます」という声が返ってきました。その「もちろん」という言葉の響きに、呆然となりました。**「もちろん」って人生で使ったことあるかな?　なんていい響きなのだろう。なんて素敵な言葉なのだろう。

「了解です」も「かしこまりました」も「承知いたしました」もいずれも〝ＯＫ〟という意味では同じですが、伝わり方がまったく違うのです。ぼくも人からお願いされたときに、「もちろん!」と言える人間になろうと思いました。

他にも、ひとりの紳士が「**お時間があるときでいいので**、おしぼりいただけますか」という言葉をかけているのを聞いてしびれました。「お時間があるときでいいので」とは、なんて相手のことを思いやった素敵な言葉なんだろうって。これも絶対に使おうと心に決めました。

CASE 38

とっさに意見を求められたとき

大人の言い方

いろいろあるのですが。

↓

かわいい言い方

それには3つあります。

「○○について教えてください」と、とっさに意見を求められることがあります。このとき**〝脳は空白を埋めたがる〟という性質を使って答える**方法があります。

まず、こう言います。「それには3つあります」と。

これは**3つあるからそう言うわけではない**のです。たとえば「ダイエットのコツを教えてください」ときたら、瞬時に「それには3つの大切なことがあります」と言っちゃうのです。「ひとつ目はバランスの取れた食事。すでにわかっている〝食べちゃダメなもの〟には手を出さない。そして、ふたつ目は……」と話しながら脳にまかせます。きっと脳は的確に検索し、答えをくれます。「そして、ふたつ目は『適度な運動』です。しかし、特別になにかをはじめないでください。特別にはじめたものは続きません。今ある状態に少しだけ、意図的にプラスする。そんな感覚が大切です」と話しながら、次の3つ目を考えるのです。

ある意味でこれは、**自分の直感を大切にするやり方で、自分でも驚くとともに、自分の思わぬ成長を確認することができます。**

脳は面白いですね。質問をするとすぐ考えはじめます。「どうしたら明日という一日が最高の一日になるか？」と聞けば、もう答えらしきものが見え隠れします。

CASE 39

提案を否定・却下されたとき

大人の言い方

いや、そうではなくて。

かわいい言い方

勉強になります。

プレゼンや営業をはじめ、あらゆるビジネスの提案には「ここがよくないね」「この部分イマイチだね」「こういう理由でNGです」といった否定がつきものです。人からいただいた否定は、こちらもついついネガティブにとらえがちです。かといって「いやそうじゃなくて」「違うんですよ、今はこうこうこうで」などと反論すれば、プレゼンはますます失敗に近づくでしょう。

だからぼくは**プレゼンにのぞむとき、「否定はアドバイスなんだ」と心に刻むようにしています。**

どんな内容であっても（たとえ相手の否定が的はずれだったとしても）、否定の言葉をもらったら、なあるほど！　勉強になります！　ちょっとメモってもいいですか？　ありがとうございます！　と**ポジティブに反応**するようにしましょう。

そしてそれをテンプレート化しましょう。あなたを否定した相手も、ある程度の反論は覚悟しているもの。だから肩透かしをくらって「あれ？　この人はいいかも」という印象を持ってくれると思うので、次のチャンスにつながります。

CASE 40

相手からしつこく念押しされるとき

大人の言い方

はい、わかりました。

かわいい言い方

復唱させてください。

指示が出て、あなたは納得して、了承した。

しかしその後、何度も「大丈夫でしょうか？」「伝わっていますか？」と念押しの連絡がある。そんなに相手を不安にさせている？　そんなに私って信用がない？　返事の仕方が悪かったのか。それとも相手の老婆心からくるものか。どうであれ、相手に不安を抱かせているということは問題。そんなときに**おすすめなのは〝復唱〟です。話を聞き終わり、「わかりました」で終わらせるのではなく、「もう一度確認させてください」とお願いしましょう。**「こうこうこういうことだと認識しましたが、合っていますか？」と言えば、相手はきっと満足してくれます。

ぼくはこれまで数多く講演をしてきましたが（30数年、年間200本前後やってきました）、講演会での反応はじつに様々です。ときには会場が「シ〜ン」と静まり返ったままのときもあります。そんなときは話し終わって、ドッと疲れが出る。「あ〜、イマイチ盛り上がらず、ごめんなさい」と主催者さんに言い残して、そそくさと会場をあとにする。しかし翌日、主催者さんから「みなさん、お話に興奮して夜眠れなかったみたいですよ」と連絡をいただき、びっくりすることがあります。**「反応と理解は比例するとは限らない」**ものなのです。

CASE 41

ほめてもらったとき

大人の言い方

いやいや、それほどでも。

かわいい言い方

いやいや、そちらこそ！

「他人から認められたい」「自分を価値ある存在として認めたい」

人には誰しもそんな〝承認欲求〟があります。ＳＮＳに仲間とのバーベキュー、有名人とのツーショット、おいしいお寿司などを投稿するのは、いずれも他人を押しのけて前に出ようとする〝承認欲求〟の現れですよね。

そんな**争いの世界から抜け出す**ためにはどうするか。

まずはこちらから他人を「すばらしいですね！」と承認することです。

「認めてほしい」という声が聞こえたら、とにかく認める。それもなるべくすぐに。

すると一部の人は、「あなたもすばらしいです！」と承認を返してくれるでしょう。そんなコミュニティに身を置いてください。

承認が返ってこないときも、「神様は見てくれている」とか「私が私を承認することができる」と考えて、〝承認欲求〟を落ち着かせましょう。

やがて仲間との**相互承認**により、〝承認欲求〟が満たされていった心は、〝自己表現欲求〟の世界へと上昇していきます。自分をのびのびと表現できれば、どんどん自己肯定感が満ち、**自然と〝価値ある存在〟になっていく**のです。

CASE 42

陰口に巻き込まれそうになったとき

大人の言い方

うんうん、わかる。

↓

かわいい言い方

いろいろあるんじゃないですか。

うわさ話が好きな人はうわさ話につぶされます。

人のうわさ話は楽しいものですが、**楽しんでしまう人に限って自分のうわさ話を気にする**ものだからです。

うわさ話には尾ひれが付くだけではなく、話の出どころを「自分」にしたくないので、必ず誰から伝わってきたかという〝タグ付け〟がされます。

すると経路上の通過ポイントがすべてわかるようになって、いずれは本人まで届くようになっているのです。

20代のとき、ぼくもうわさ話に乗ってしまったことがあります。そのときリーダーから**「それ、本人に言える？　本人に面と向かって言えないことは口にするな！」**と厳しい口調で叱られました。

それから深く反省し、うわさ話をふられても、「いろいろあるんじゃないですか～」とやんわりかわすようにしています。

うわさを耳にして「ひどい人だ！」と思うこともありますが、もしかしたらぼくの誤解かもしれないし、**もし本当にひどい人だったとしたら、いつか神様が成敗してくれる**と思っています。

CASE 43

SNSに誇らしい出来事をアップするとき

大人の言い方

幸せいっぱいです。

かわいい言い方

幸せいっぱいなので、私をお役立てください。

ある医師が大出世したときに殺害されたそうです。犯人は元医師の奥さんでした。子育てでキャリアを奪われ、大きな嫉妬心を抱えていたのだとか。

誰かに起きた幸せな出来事。それに人は嫉妬心を持ちます。よろこんでくれている同僚も、ご近所さんも、同じ家に住む家族も。本人が自覚している、していないにもかかわらずです。

『生贄探し　暴走する脳（中野信子・ヤマザキマリ著）』という本を読み、人間の脳は他人に正義の制裁を加えるたびによろこびを感じるようにできている、ということを知り、震えたことがあります。同僚の年収が増えただけで、まるで自分が損したような認知が生まれる。だから自分が損をしてでも、相手をおとしめたい（＝スパイト行動）という感情まで生まれるのだそうです。

だから幸せな報告は、〝社会貢献〟とセットにしましょう。たとえば「本を100冊プレゼント」「植樹」「1回につき○○円募金」などの寄付でもいいし、「浜辺のゴミ拾い」「児童センターのお手伝い」「無料でレッスン」といったボランティアでもいい。不特定多数の人のお役に立とうとすることで、不特定多数の人の〝無意識の嫉妬心〟を鎮めることができるはずです。

CASE 44

感想を伝えるとき

大人の言い方

すばらしいですね。

↓

かわいい言い方

ここが好きです。

感想を伝えるのが難しいときってありますよね。

特に音楽や映画、絵画のことなど、正解が存在せず、人によって大きく好みがわかれるものだとなおさらです。

作品を分析したり、評価したりするのは難しい。評価の仕方によってはその人を傷つけてしまうこともある。また「わかってないな」と低く見られてしまう、あるいは「君が評価する立場じゃないだろう」と憤慨されることもあるでしょう。

だから感想を伝えるときは、無理して気の利いたことを言おうとせず、「どこが好きか」を素直に伝えましょう。

好きには正解も不正解もないし、誰かを傷つけることもない。誰かと意見がぶつかることもない。なにより一番気持ちが伝わりやすいものです。

ときどき目上の人に対して「すばらしい！」「上手！」「いいですね！」「うまい！」と口走ってしまうときがあります。そうすると賞賛の意味で言っているつもりでも、**相手を上から評価している言葉**として伝わってしまいます。

評価できるほどのバックボーンがない場合は、いい・悪いではなく、どこが好きかで答える方が、リスペクトと賞賛の気持ちを表現できます。

CASE 45

アポイントを確認するとき

大人の言い方

絶対来てくださいね。

かわいい言い方

ドタキャン OK ですからね。

「それでは○月○日の○時にお目にかかりましょう」という約束の確認。

その直後に**「ドタキャンOKなので、なにか用事があったらそっちを優先してくださいね」**と言われて驚いたことがあります。

誰もが経験するドタキャン。約束の当日になって「急に都合が悪くなりました」「やっぱり行けなくなりました」と言われると、まるで自分が軽く扱われているような気がして、腹が立ったり、落ち込んだりするものです。

だから「ドタキャンはやめてね」なら聞いたことがあります。でも「ドタキャンOK」だと言うのです。こんな風に言ってくれる人を絶対に裏切りたくない、と反射的に思いました。

自分の存在を軽くすることによって、**相対的にこちらの存在を大切にしてくれていることがわかり**、敬意が伝わってくるからです。

そのセリフを聞いて以来、ぼくも真似するようになりました。

誰かとお約束をするときは「直前のドタキャン、OKなので、いつでも連絡ください」というメッセージとともに、**自分の電話番号**を伝えるようにしています。

そのおかげもあってか、ドタキャンされてしまうことはほとんどありません。

CASE 46

気の毒に思う気持ちをこめるとき

大人の言い方

大変なのはわかるけれど、
きっとこう考えればいいんですよ。

かわいい言い方

なんて声をかけたらいいかわかりません。

身内の不幸、病気、交通事故、被災などに遭い、悲しんでいる人がいる。そんな人には一体どんな言葉をかけてあげたらいいのでしょう。その人にしかわからない事情があります。物事の表面だけをとらえて発言すると、誰かを傷つけたり、悲しませたりしてしまうものです。

私たちにできる精一杯の気づかいは、相手の気持ちに思いを馳せ、そばに寄り添うこと。そして**私にはあなたが今、どんな気持ちなのか〝わからない〟という状態をそのまま伝えること**です。声をかけるとしても「大変な状態にいると思います」「私の想像を絶します」「かけられる言葉が見つかりません」「できることがあったら言ってほしい」などにとどめましょう。

もしお話ができる状態ならば、**聴くことに専念**してください。胸につかえていた相手の思いを受け止めることで、相手の心を少しだけ軽くできるかもしれません。

以前、美輪明宏さんのコンサートで「人間もある程度の年齢になると、**人には言えない心にのしかかる重い問題が3つ、4つあるもの**です」という言葉を聞き、なぜか泣いてしまったことがあります。ぼくにもあるし、美輪さんにも、そして誰にでもあるのです。人生は簡単なものではなく、だからこそすばらしいものなのです。

CASE 47

相手にマウンティングされたとき

大人の言い方

やっていないのです。なぜかというと……。

かわいい言い方

本当はやっていないとダメですよね。

マウンティングをされてつらいという人へ。

マウンティングにはいろんなタイプがあります。

もし「あなたと違って、私はこれができるから」というマウント（自慢）を受けた場合は、**「すごいですね！　嫉妬しちゃいますよ！」と言語化**してしまえば、気持ちが楽になります。

「そんな常識的なこともやってないの？」というマウント（責め）を受けた場合は、恥ずかしくてつい「なぜやっていなかったか」と言い訳したり、「なぜやるべきではないか」と反論したりしたくなるものですが、**「本当はやっていないとダメですよね」と素直に認めれば**、気持ちが楽になります。

「そんなことも知らないの？」というマウント（無知を指摘）を受けた場合は、「へえ！そういうのが主流なんですね」と言いながら大急ぎでノートを引っ張り出したり、その場でスマホで検索したりして、**「こんなに学ぶ人いないでしょ？」という姿勢**で相手と向き合うことで、気持ちが楽になります。

いずれにしても嫌な空気を出したら、二度と教えてもらえなくなってしまいます。

謙虚な態度で学ぼうと決めた方が、気持ちが楽だし、成長できるのです。

CASE 48

周囲から持ち上げられたとき

大人の言い方

今回はたまたまです。

かわいい言い方

次は一生懸命お手伝いさせていただきます。

相手が近しい関係の人だったら「そんなにほめられたら舞い上がっちゃいますよ！」「いい気になっちゃいますよ！」とそのまま答えるときもあります。

でも相手が目上の人だったり、距離が離れていたりする人の場合は、つい「いえいえ」「とんでもありません」と謙遜したくなるものですよね。

このとき起こりうるのは、**声の調子や表情から「こいつ天狗になっているな」と思われてしまうこと**です。その瞬間、感心が嫌悪感に変わるかもしれません。

ですからほめてもらえたら、「ほめられた事実」については、素直に受け入れてもいいかもしれません。その上で、**たまたま今回は「おみこしの上に乗る役」であって、次回は「あなたを下で支える役」になるつもりがあることを伝えます。**

（性格にかかわらず）人の脳には成功した他人の足を引っ張ろうとする性質がありま す。でも次は〝必ず他の方にチャンスが渡ります〟。〝そのときはぜひ私に一生懸命お手伝いさせてください〟という態度を続けていれば、ひそかに「鼻持ちならないやつだ」と思っていた人も、きっと**あなたの味方**になってくれます。

CASE 49

前にも聞いたような話をされたとき

大人の言い方

その話ならすでに伺っています。

かわいい言い方

わかっていないかもしれないので、
もう一度くわしく教えてください。

相手がなにか教えてくれる。でもその内容は以前に教えてくれたような話と、同じような話。そのとき、あなたはいつもどんな態度を取っていますか。話を聞いている時間がもったいなくてつい**「ああその話、前に聞きました」**と話を遮ってしまっていないでしょうか。

ぼくは自分の耳、目、心はつねに疑った方がいいと思っています。

わかっているものに対しても「わかっていないかも」という態度で接するのです。

なぜなら人は学習や体験によって**成長するから**です。その成長度合いによって、同じ話でもとらえ方が変わります。この世のあらゆることは「わかっているような気になっていること」だらけです。**なにげなく流しているような話や景色の中**に、じつは自分の人生を変えたり、進めたりするようなヒントがたくさんかくされています。

だから一度、聞いた話が出てきても、「なにか新しいひらめきはないか？」という態度で聞いてみてください。きっと違うものが見えるはず。相手もあなたの学ぶ姿勢に好感を持つことでしょう。

CASE 50

人からなにかしていただいたとき

大人の言い方

ご厚意に感謝いたします。

↓

かわいい言い方

とってもうれしいです！

自分だけ損をしている？　いつも同じ人がえこひいきされてない？

もちろん、人間だからえこひいきはあります。

そして、えこひいきされる人の特徴は、相手に対していつでも**「魂のしっぽ」をふっていること**。

つまり、会えたこと、お話しできること、していただいたことに対して、一生懸命、よろこびの気持ちをしめすことです。やったことをよろこんでもらえたら、人はうれしくなります。そして、**よろこんでいる人をもっとよろこばせたい**、というのが人の心です。

たとえしてくれたことや、いただいたものが、必要のないことや、趣味が合わないものでもいい。

「なにをしてくれたか」はまったく問題ではなく、「あなたをよろこばそうとしてくれたという好意」に感動し、それに感謝します。

だから人の好意を見逃さないでください。そして好意を見つけたら素直にたっぷりよろこんでください。

あなたへの好意は、あなたがよろこぶほど集まってきます。

CASE 51

興味のない趣味の話が出てきたとき

大人の言い方

そういう類の話、わからないんですよ。

↓

かわいい言い方

え、なんですかそれは？

どんな分野の話題になっても、マニアックな話ができる人がいます。「そんなことに本当は興味ないでしょ?」と思う話でもついていって、「めっちゃマニアックな話になっちゃいましたね～」と意気投合している。

どうしたらそんなに物知りになれるのだろう。情報収集にどれだけ時間をかけているのだろうと驚きますよね。

しかしこういう好奇心が強い人に限って、情報収集に時間をかけたりしません。ただ**「自分がわからないものが出てきたらチャンス」**だと考えています。興味のない話が出てきたときでも、必ず「なんですかそれは?」と食いつくクセをつけているのです。

いったん食いついたら離しません。「どうやってはじめたんですか?」「どれくらいやっているのですか?」と**相手の話が止まらなくなるまで、話を掘り下げます**。その習慣がすごく役に立つのです。**1週間以内に、その話題がまた別の人との会話で登場するからです。**「知らないとは思いますが……」「偶然なんですけど、私の知り合いにもはまっている人がいて」「え?　本当ですか!」と盛り上がる。こんな不思議な連鎖が、次のチャンスを連れてきてくれるのです。

人間関係は「マメさ」と「はやさ」のかけ算。

Chapter 5

提案《ていあん》／主張《しゅちょう》

自分の意見を主張すると角が立ってしまう。
でも黙っていたら声の大きな人の意見に流されてしまう。
どちらも避けたいこと。対立せず、流されもせず、
自分の意見を上手に伝えるにはどうしたらいいのでしょうか。

CASE 52

反対意見を出したいとき

大人の言い方

そうではなくて、こうだと思います。

↓

かわいい言い方

アイディアを深めるために、あえて反対の意見を言ってみてもいいですか？

「この人とは意見が違うな」と感じた。

反対の意見を言いたいのだけれど、対立はしたくない。だけど黙っていたら、ただ賛成したことになりそうで、それも避けたいこと。

できれば自分と相手自身ではなく、自分と相手の意見同士を戦わせたい。

そう思ったときに、こんな絶妙な言い方があるのです。

「おおかたそれでいいと思いますが、議論を深めるために、あえて反対の意見を言わせてください」

このひと言によって、議論はこんな風に変わります。

お互いに本人同士がぶつかることなく、**まるで〝紙相撲〟のように**人格から離れたところで、意見の戦いがはじまるのです。

つまりお互いの人格を傷つけ合うことなく、議論を前に進めることができます。

たいていの物事は、立場的に偉い人の発言で決まりやすいもの。

しかしこの方法を取れば、相手の立場を守れるので、よりみんなにとって良い意見が採用されるのです。

CASE 53

話が平行線をたどっているとき

大人の言い方

とりあえずこうしましょう。

かわいい言い方

いったん切り上げて、
次回の日時と場所を決めませんか。

お互いに意見や主張を譲れない。

同じ話をくり返し、何度も出発点に戻る。

時間だけが経過していって、頭も身体も疲れ切っている。

そんな状態で強引に結論を出したり、あきらめて譲ったりすれば、**しこりが残る**かもしれません。

話し合っても結論が出なそうなときは、勇気を出して話を切り上げてみましょう。

そして時間と場所を変えて、再度話し合うことを提案します。

お互いの条件、アイディア、意見などを出し切れたことが今日の収穫。だらだら続いた議論をいったん止めることで、よりよき解決法が出ることを期待します。次の約束は必ずその場で。〇月〇日〇時にどこどこでと、具体的に決めるのが肝心です。どれだけ時間を費やしても、結論が出ないときはあります。

でもしばらく時間をおいてみただけで、**「あの言い分もあるかもな」と急に建設的な考え方ができたりする**ものです。

お互いに納得できる、本当の妥協点を見つけましょう。

CASE 54

このまま話が進んでも
メリットがなさそうなとき

大人の言い方

コストに見合わないかもしれません。

↓

かわいい言い方

さらに効果を上げる方法はないでしょうか？

ある場面でリーダーから提案がありました。

自信満々の提案です。しかしその提案は、**どう考えてもかけるコストに対して成果が見合わない感じ**がしている。やることになっても、モチベーションが出なそうだ。かといってあなたは、できればリーダーと対立もしたくない。「やる価値がありますかね？」「コストに見合わなくないですか？」と言ってしまったら場が凍りつくのは目に見えている。

そこで対立しないためには、まずあなたの立ち位置を示すことです。

まず「確認ですが、最終的にどうなったらいいのでしょうか？」という言葉を投げかけます。〝やりたくないわけではなく、**私もそのゴールに向かっている仲間ですよ〟と念を押すため**です。

そして「先ほどのリーダーのプランはこうでしたよね」と確認した上で、「同じコストをかけて、さらに効果を上げる方法はないでしょうか」と投げかけてみます。

そうすればリーダーの提案を否定することなく、他のメンバーが新しいアイディアを出しやすい雰囲気になります。

CASE 55

「この人と一緒に仕事をしたい」と思ったとき

大人の言い方

いつか仕事をご一緒したいです。

かわいい言い方

「一緒に仕事をしよう」と思っていただくには、どうしたらいいのか教えてください。

あなた「いつかお仕事をご一緒できたらうれしいです！」

相手「ああ、こちらこそ。機会がありましたらぜひ」

あなた「そうおっしゃっていただけるなんて光栄です！」

相手「いえいえ。今はスケジュールがいっぱいなので、またいずれご連絡します」

よくある会話ですが、これは**表面的な会話**ですよね。

社交辞令としては正解かもしれませんが、こういうやり取りを続けていても、なかなか現実にいたることは難しいでしょう。

真剣に「一緒に仕事をしたい」と考えているなら、こんな風に「心の等身大を言語化する」のがおすすめです。

「『一緒に仕事をしよう』と思っていただくためには、私はどうしたらいいのでしょうか？」

すると相手は「すぐにやりましょうよ！」と言ってくれたり、**どうすれば実現できるか一緒に考えてくれたりする**はずです。

「それは『一緒にお仕事をさせていただける可能性がある』と受け取ってもいいのでしょうか？」と確認してみましょう。さらに現実味が増すはずです。

CASE 56

お客様に仕事をおさめるとき

大人の言い方

ご満足いただけるまでやりましょう。

↓

かわいい言い方

もうひと手間だけかけましょう。

「仕事は＋1（プラスワン）だよ」と昔、先輩から教わったことがあります。「この仕事はここで終わり」というところで、もう「＋1」できるかどうかが、勝負を分けるのだそうです。

もちろん仕事が終わったあとの「＋1」だから、あまりたいしたことはできないでしょう。しかし、「今日のお礼のメールをしておく」「明日のアポイントの確認をしておく」「資料をそろえてかばんに入れておく」くらいのことはできます。

これが毎日、積み重なると大きな結果になるのです。

相手からすれば「ご丁寧にお礼の連絡がきてるな」くらいのものですが、お礼の連絡がきてない人と比べればわずかな差があります。**その差を積み重ねられる人が〝マメな人〟と呼ばれ、仕事でモテる人になります。**

仕事をおさめるときも同様です。「ご満足いただけるところ」までやるのがプロの仕事ですが、その先、**ほんのひと手間かける**ことで、それがお客様の大きな感動につながったりします。

競馬の勝敗が〝鼻の差〟で決まることもあります。ほんのわずかな差ですが、1位と2位の評価は雲泥の差なのです。

CASE 57

依頼内容をより明確にしたいとき

大人の言い方

もう少しくわしくお聞かせ願えますか。

↓

かわいい言い方

一度ざっくばらんにお話しさせてください。

「いい感じにお願いします」「適当におまかせします」。こんなざっくりとした依頼がきたらどう対応すべきでしょうか。額面通りに「好きにやらせてもらえるんだ」と受け取っていいのでしょうか。そう安心してもいられません。できあがったものを提出したとたん、あとから「こうしてほしい」と**山盛りの注文**をされたり、イチからやり直しを命じられたりすることもあるからです。

その事態を避けるためにはどうすればいいか。くわしい説明を求めても、おそらく解決しません。**依頼がざっくりとしている人は、本人もなにを求めているのかわかっていないことが多い**からです。または、なんとなくあなたの方がうまくやってくれるだろう、という期待があるので真剣に考えられないのです。

そこで仕事に着手する前に「一度、ざっくばらんに確認させてもらえませんか？」と**直接お話しする機会**をいただきましょう。そこで、この仕事は誰に向けたものなのか。どういう状態になったらいいのか。最終チェックは誰がするのか。どれくらい時間をかけていいのか。ざっとやればいいのか、作り込むべきかなどを確認します。質問に答えるうちに相手の頭にもアイディアが降りてきます。こうして仕事の輪郭さえ出せれば、相手のイメージと大きなずれを生むことはないでしょう。

CASE 58

会議の空気が重いとき

大人の言い方

もうアイディアは尽きましたね。

↓

かわいい言い方

もう一度、この話し合いのゴールを教えていただけますか？

会議や打ち合わせが長引いて、いつの間にか空気が重くなっている。そんなことってありますよね。

あれをやるとなっても予算がなくてダメ、これをやっても効果が少ないからダメ、と「ダメ」が続けば、だんだん頭も心も疲弊してきて、話が前にも後ろにも進まなくなるものです。そんなときは、どうすればいいのでしょうか。

ぼくの場合は、**話し合いのそもそもの〝出口〟を確認する**ことにしています。

話が行き詰まっていくほど、参加者たちは**「どうやってやろう？」という〝方法〟にとらわれがち**だからです。

そんなときは「この話し合いのゴールってどこでしたっけ？」**「この会議はどんな風に終わればいいんでしたっけ？」**「どうなったら最高だって話でしたっけ？」こんな言葉を投げかけてみます。

すると「売上を10％増やすアイディアを出すこと」「以前来てくれたお客さんがまた来てくれればいい」「リーダーが心から納得できる新メニューが決まれば」といった出口が見つかり、「それならば」と発想が切り替わり、するっと解決策が出てきたりします。

CASE 59

根拠のないうわさ話が流れているとき

大人の言い方

真実ではありません。

かわいい言い方

私は動けないので、チカラになっていただけませんか？

根拠のないうわさ話、あるいは身に覚えがない悪評が出回り、立場的にピンチに追い込まれている。そんなときはどうしたらいいのでしょうか。

あわてて否定したり、大声をあげたり、「真実ではありません」と**証明したくなる気持ちはぐっとおさえましょう。**大人気ない人に見られるだけではなく、事実を言われてごまかそうとする言動と同じだからです。

そのうわさ話が組織全体に広まったときに、自分のことをジャッジする組織の長、上司、社長、リーダーなどがいるはずです。まずはその人のところへ相談に行きましょう。そして「こういううわさ話が出回っています」という事実を伝えた上で、「このまま放置しておいても、問題ないでしょうか？」と確認します。もし問題だというのなら**「当事者の私が動くわけにはいかないので、チカラをお借りできますか？」とお願いしてみましょう。**その情報はどんな風に認識されているのか？　なにか自分に打てる手はあるのか？　さらにチカラを借りるとしたら、誰のところへ出向くといいのか？　こんな風に相談をすることによって、**「真実ではない」と認識してもらえる**ことにもなります。もし組織の長が動いてくれなかったとしても、うわさ話が耳に入ったとき勝手に判断されてしまうことがなく、被害は最小限で食い止められるでしょう。

CASE 60

部下の心の状態を確認したいとき

大人の言い方

がんばってる?

かわいい言い方

今どんな気持ちで仕事をしている?

過度に続く緊張や不安感などから、ストレスを抱える人が増えています。たとえ表面上は明るくても、心の闇というものは深く、通常のコミュニケーションではなかなか気づくことができません。

そこで、ある企業では役員が、社員一人ひとりと直接面会し**「働き心地」**を確認しているそうです。「今どんな気持ちで仕事をしている？」という質問に対し、気持ちよくできているのか、まあまあなのか、苦しんでいるのかを選んでもらうのだと言います。そして中でも**一番危険なのは「業績が出ているのに、苦しみながら仕事をしている人」**らしく、該当する人が見つかればすぐに人事部が対応をします。食事の席を用意して、上司との関わりや、部署内のコミュニケーション、業務内容の流れなどをくわしく傾聴しながら、改善できるところはないか、部署を変えるべきかどうか、一緒に考えていくのだそうです。

数千人の従業員を抱える大企業が、一人ひとりとここまで真剣に向き合うのかと感銘を受けました。**思わぬ離職や心の病を防ぐためにも、日常的に「働き心地」を聞くのは必要な時代**ですね。

CASE 61

提案中に緊張してしまったとき

大人の言い方

緊張でうまく話せず申し訳ございません。

かわいい言い方

気に入っていただきたくて、緊張しております。

緊張で頭の中が真っ白。心臓がバクバク。どうにかしようと思うほど状況は悪化していく。そんな経験をしたことがある人は少なくないと思います。大勢の前で数多くセミナーをしているような人でも、しょっちゅう緊張しているのです。

人はなぜ人前で緊張するのか。それは**「よく見られたい」「気に入られたい」「高評価を得たい」**という気持ちがあるからです。どうでもいいのであれば緊張することはありません。「よく見られるには、どう話せばいいか？」ということに意識を奪われているから、言葉がしどろもどろになるのです。

うまく言葉が出てこないときは、自分の心の声に意識を向けることにしましょう。**「今、緊張してしまって、なかなか言葉が見つからない状態だ」ということをそのまま伝える**のです。そして「なぜ緊張しているかというと今日、話すことで皆様に気に入られたいなと思っているからです」「この分野にくわしい人なんだと印象づけたいからです」「ユーモアがある人間だと思われたいのです」という具合に続けます。

商談の席でも「拒絶されるんじゃないかという恐怖があり、**○○さんにだけは拒絶されたくない**と思う気持ちが強くて緊張するのです」と言うと効果あり。

心の声をそのまま話されたら、人の心はなぜか打ち解けるものなのです。

CASE 62

別れ際に会話が盛り上がったとき

大人の言い方

もうちょっとお時間いいですか？

かわいい言い方

続きはまた今度にしましょう。

ものには限度があります。

どれだけ大好物の食べ物でも、おなかいっぱい食べすぎてしまうと、もうしばらく食べたいと思わなくなります。

人との会話も同じことです。あまりにも話し込んでしまうと、お互いに**無意識のうちに**「もうこの人については満足した」と認識してしまいます。

つまり、次また会えることにワクワクしなくなっていくのです。

こういう経験はありませんか。たくさん面白い話をして、盛り上がったはずなのに、なぜか別れ際は疲れ切っている。もしそうなら、そのときお互いに心のどこかで、相手をしばらく遠ざけたいと感じているかもしれません。

気持ちの鮮度を保ってもらうには、その場その場ですべてを出し切ろうとしないこと。**会話は「もうちょっと話したいな」と思っているところで、サクッと切り上げるくらいでちょうどいい。**そうすれば、お互いが「また会いたい人」という印象を持って別れられるはずだからです。

次にまた会いたいからこそ、**今日はちょっと我慢**して、次回に期待を持たせていくことが大事なのですね。

問題の中心に飛び込もう。台風の目は穏やかだから。

Chapter 6

指導《しどう》／注意《ちゅうい》

後輩や部下に好かれたい。
でも甘やかすわけにもいかない。
そんな揺れる思いの中、
どんなコミュニケーションを取ればいいのでしょうか。
注意をしつつ、やる気にもさせつつ、
相手の自尊心を傷つけない言い方を学びましょう。

CASE 63

部下が何度もミスをくり返すとき

大人の言い方

何回言えばわかるの？

かわいい言い方

私はどうしたらいいと思う？

何回も同じことを言っているのに、**部下や後輩が同じミスをくり返してしまう。**かといって叱りつけたり、否定したりすれば、辞められてしまうかもしれない。だからはれ物に触るみたいに、ああしてね、こうしてね、とやさしく指導している。それなのに、なかなか変わってくれない。どうしたらいいのでしょうか。悩む気持ちはわかります。

そんなときは、まず**「変えたい」という気持ちを捨てて**みましょう。

「変えたい」と考えているときは、たいてい相手を「自分の仕事の理想」に合わせようとしているからです。ああしてね、こうしてねと指導し続けていると、その人にとっての問題の第一位は「あなたへの対応」になります。

おすすめなのは**「私はどうしたらいいと思う？」と反対に投げかけてみること**です。

本当に申し訳ない。私どうしたらいい？　責めたくないし、成長してほしいと思っているんだけれど、「私はどうしたらいいと思う？」そう言われると、立場が入れ替わります。それまで上司であるあなたに向いていた目が、自分自身に向くようになり、自分の頭で考えて動く状態に切り替わるのです。

CASE 64

新しい案件を開始してもらうとき

大人の言い方

近いうちにやっておいてください。

↓

かわいい言い方

いつまでにやってくださいますか？

どんな仕事にも必ず期限があります。

「近いうちにやっておいて」という言い方ではあいまいです。

相手が使える時間と、必要な作業時間を見比べて、「いつまでにやるか」と**期限を決めてもらいましょう。**

期限はギリギリにせず、少し余裕を持たせます。仕事のトラブル、突然の来客、病気、集中したいときに限って鳴る電話など、日常には時間を奪う要素は多く、**時間はたいてい見込みより少ない**ものだからです。

時間のロスを回復しようとあわてさせなければ、仕事全体のクオリティを落とされる心配も減ります。

小さい仕事でも、職人のようにきっちりこなしてもらいたいですよね。

仕事が遅い人に対しては、「もっと急いでください」とか「もっと早くできませんか？」ではなく、「締め切りは○月○日でしたよね。このままいくと完成していますか？」と声をかけましょう。

もしも間に合わないとしたら、意識の深い部分で相手はすでにそのことを知っています。自分で未来を想像して、自分で気づいてもらうことで行動が変わります。

CASE 65

大事なことに気づいてくれたとき

大人の言い方

ほらやっぱり私が言ったとおりでしょう。

↓

かわいい言い方

そう思うあなたはすごいです。

他人からどう思われているのかは気になるもの。

他人の評価から逃れるために、山にこもった人も、街で自分がどう評価されているのかが気になるものだという話があります。その呪縛から逃れられる方法はあるのでしょうか。**〝成功は「するもの」だけれど、幸せは「今、感じるもの」〟**と友だちから言われ、ハッとさせられたことがあります。

つまり**幸せは〝自己評価〟で得るべきもの**であり、〝他者評価〟とセットにしてはいけません。さもないと「あなたは幸せ者ですね」と誰かに認められるために、日々行動する人になってしまいます。

たとえば、何度すすめても行動に移してくれなかった人が、尊敬する先輩からの助言でそのことをはじめたとします。

そのとき「ほら、私が言ったとおりでしょう」と言ってしまう人は、「その人が正しいことを選択すること」よりも、「正しいことをすすめた私を認めて」と他者評価を求めているのですね。「すごいと思われる自分」ではなく、本当に「すごい自分」になるには、**「そう判断したあなたはさすがですね」と伝える方がベター**です。そうすれば相手も自分も〝自己評価〟が上がり、より魅力的にもなります。

CASE 66

部下のやる気がなさそうなとき

大人の言い方

やる気を出してよ。

かわいい言い方

そもそも、なんでやろうと思ったんだっけ？

やる気をなくしている人のやる気を、どうしたら上げることができるのか。

まず「部下がやる気をなくしている」という**事実を把握しているというだけでも、かなりアドバンテージ**があります。わかっていたら、下手に動いちゃダメ、無視したらダメというのが鉄則。それはどうしたら部下のやる気が復活するかを、一個一個ひもといていくタイミングだからです。

はじめから「なぜやる気を出すべきなのか？」という理由や「どうすればやる気が出るのか」という方法を説明する人もいるでしょう。そうすると会話は重く沈み、相手は「やらなきゃいけない」というマイナスの気持ちで再び向かうことになります。

それよりも**「そもそもなんでこの仕事をやろうと思ったんだっけ？」とたずね、出発点を一緒に振り返ってみる**といいでしょう。

その人を想像の中のタイムマシンに乗せて、**「やる気になったあの瞬間」まで戻るお手伝い**をするのです。そうすれば誰も責めることなく、自分の問題として、やる気を出してくれる可能性があります。

「こうしなさい」と教え諭す〝ティーチング〟よりも、「どうすればうまくいくか」と本人から答えを導き出す〝コーチング〟の方が影響力は強いのです。

CASE 67

自分の気持ちを察してほしかったとき

大人の言い方

なんでわかってくれないの？

↓

かわいい言い方

言わなくてもわかってくれると思っていたので、悲しい気持ちです。

やってくれて当然なことを、この人はやってくれない。一体なんでなんだ？　しかしいくら理由を聞いたり、責めたりしたところで、**相手の行動を変えることは難しい**でしょう。

相手の行動を変えるためには、自分の行動を変えるしかありません。できることのひとつが「自分の気持ちをそのまま伝えること」です。

アンガーマネジメントという、怒りを予防・制御するための心理プログラムがあります。アンガーマネジメント的に言えば、「なんでわかってくれないの？」というのは**あとから生まれた二次感情**です。その感情をそのままぶつければ、「こっちだっていろいろあるんだから、わかるわけがないでしょう！」という怒り（相手の二次感情）が返ってきます。あとは怒りのぶつけ合いです。

本来の一次感情は、「あなただったら言葉にしなくてもわかってくれているはずだと思っていました。そうではなかったのが悲しいです」ということじゃないでしょうか。**怒りが生まれたときは、ひと呼吸おきましょう。そして「この感情を支えているもとになる感情はなんだろう？」と考えてみましょう。**そうすればきっと落ち着いた会話ができるはずです。

CASE 68

上司から大雑把な注意を受けたとき

大人の言い方

わかりました。

↓

かわいい言い方

たとえば、どういうことでしょうか？

「人は〝概念〟を体験せず、〝定義づけ〟を体験する」と言います。

幸せ、成功、丁寧、うまい、楽しい、面白い……**いずれの言葉も〝概念〟なので解釈は人それぞれ。**ひと口に「丁寧」といっても、ゆっくりやることが〝丁寧〟と定義づけている人もいれば、ひと手間かけることが〝丁寧〟だと定義づけている人もいます。そのため「もっと丁寧にやってよ」「わかりました！」というやり取りをしたものの、イメージが食い違っていて「……ちょっと雑だなあ」「え？　丁寧にやりましたけど」という残念な結果を招くこともあります。

ですからもし相手が〝概念〟で話しているなと気づいたら、**「たとえば？」と相手にたずね、〝定義〟を共有してもらうクセをつけましょう。**

しかし「たとえば？」と聞くのは、あくまでも相手と「分かり合う」ため。**相手の揚げ足を取ったり、相手を追い詰めたり**してはいけません。

哲学者のソクラテスは、賢者たちの言葉の意味を暴こうと、聴衆たちの前で「あなたのおっしゃる国家とは？」「幸福とは？」「平和とは？」と詰め寄ったのだとか。おかげでソクラテスは瞬く間にギリシア中の若者の人気を得ましたが、その後「国を翻弄した」という罪で死刑を宣告されてしまったそうです。

CASE 69

しくじったとき

大人の言い方

なんでこうなったのでしょうか？

かわいい言い方

次はどうしましょうか？

ああ、大きなミスをしてしまった！　そんなとき、原因を探したり、落ち込んだりするかもしれません。しかしそれは**時間の無駄**です。反省はするが、自分を責めることなく、次にどうしたらいいかを考えて、行動に移す（知的な後悔）のが正解です。

ぼくが20代だったころの話です。先輩の車に乗ってセミナーに行くはずでした。開始時間に遅れそうでした。そのとき先輩がギアをドライブに入れるつもりがリバースと入れ間違えて、車をぶつけてしまいました。あ！　と思いました。でも先輩は気にせずそのまま車を発進させます。「見なくていいんですか？」とぼく。しかし先輩は「急いでいてぶつけたんだから、**見たら余計遅れるだろ**」と涼しく言ってのけました。

その瞬間、ぼくは目が醒めました。予定がボツになっても、パソコンが壊れても、お気に入りの服にシミをつけても同じこと。愚痴をこぼしたり、くよくよしたりするのは満足の一種なんだと。**なんでこうなったではなくて、だったら次はどうすればいいか？　と頭を切り替えられるかどうかが大事。**問題は受け入れるまでが苦しいですが、サクッと受け入れてしまえばそれが現実。陽気な心の状態を保ち、次の選択をする人が物事を達成できる人なのです。

CASE 70

自主性にまかせたら、誰もやってくれなかったとき

大人の言い方

なんでもっと積極的になれないの？

かわいい言い方

自分の力のなさを知ってしまって落ち込んでいます。

リーダーとしてあえて強制はしたくない。しかしなかなか有志は集まらない。主催者には顔が立たないし、自分自身のプライドも傷つくしで、イライラして怒りをぶつけたくなるときもあります。しかし長年仕事をしてきて**「あのとき、怒ってよかった」と思うシーンは記憶にありません。**怒りによって生まれた心の溝は、なかなか修復されません。怒りとは今の状況が自分のキャパシティを超えた状態とも言われます。ですから、**怒ったときには判断も行動もしない方がいい**と経験で学びました。

かわりに、この怒りという感情を支えている感情はなんなのかを考えます。「なんで積極的になれないのか」という怒りの感情は、元をたどれば「きっとみんなが状況を理解してくれてサポートしてくれるはず」という期待が裏切られて、残念だ、悲しいという感情だったりするでしょう。

しかし「状況を理解してサポートしたい」という**みんなの気持ちを育てるべき張本人は誰なのかと言えば自分自身**ですよね。だからこんな風に伝えるのはいかがでしょうか。「今回みなさんが参加してくれないのは残念です。しかしそういうムードを作れなかったのは、完全に私の力不足、努力不足です。申し訳ありません」と謝罪する勇気を出せば、**あなたの感情はおさまり、みんなの心も動きます。**

CASE 71

コミュニティを離れる人の心をつなぎとめたいとき

大人の言い方

やめたらこうういうデメリットがあります。

↓

かわいい言い方

いつ戻ってきてもいいですからね。

ある動画配信サービスの退会手続きは非常に簡単です。だから一度退会したとしても、また興味がある映画やドラマが配信されたら、**「再入会してもいいかな」という気にさせられます。**

会社やスクールやサービスなどのコミュニティも同様。コミュニティから離れようとする人に対して、熱っぽく引き止めたり、離れることのデメリットを列挙したりするのは、コミュニティを自由に選択しやすくなった今の時代にはあまりふさわしくないやり方かもしれません。

一時的には考えを改めたとしても、やがて内部に不平をもらし、外部に不満をぶつけ、いずれ新しいコミュニティを選択すると思います。

ですから**「やめたい」という意思表示は、気持ちよく受け入れましょう。**

そのかわり、今まで関わってくれたことに対する感謝の言葉と、「いつ戻ってきてもいいからね」「変わらずサポートするよ」「ずっとお付き合いしていこう」といった愛情の言葉を伝えます。

やっぱりやめたくないかも……と感じてもらえたら最高。やめたあと何年経っても、周囲に「あそこはいいところだよ」と言ってくれる人になるはずです。

CASE 72

相手をあきらめさせたくないとき

大人の言い方

あきらめないでがんばりましょう。

かわいい言い方

この壁の向こう側で奇跡が起きるんですよね。

あのとき、あきらめなくてよかった。

そんな経験をすればするほど、あきらめの悪い人になり、粘り強くなっていきます。

誰もがあきらめそうになるところを壁と呼ぶならば、**奇跡はその壁の向こう側にあるんですよね。壁の手前にあったなら誰もが奇跡を起こせますから。**

みんながあきらめそうになるところで、あなたがあきらめたらもったいないから、**もうちょっと先まで進んでみましょう**、と背中を押してあげられるといいですね。

ぼくは学生時代、陸上競技をがんばっていました。

乳酸がたまって動かない身体を、吐き気と戦いながら、無理矢理動かす苦しい練習のくり返しです。「苦しいか?」とコーチに聞かれ「はいっ!」と答えると「なんで苦しいか知っているか?　これ以上、こっちへ来ると君は死ぬぞと神が言っている。ここから先は神の領域だが、見てみたいか?」とコーチは言うのです。

ぼくは少し考え「見てみたいです!」と答えると、「じゃあ**神の領域まで**行ってこい」と送り出されました。走り終わって、グランドに倒れ込んだとき、後輩たちと「神の領域だ〜」と息を切らせながら大笑い。それは限界の向こう側に奇跡の扉がある、と身をもって知った瞬間でした。

CASE 73

なかなか言うことを聞き入れてくれないとき

大人の言い方

あなたのために言ってるのです。

かわいい言い方

ちゃんとしてくれると私が助かる。

ある特別支援学級の先生は悩んでいました。授業中たびたび教室から外へ飛び出していく生徒を捕まえては、教室へ連れ戻さなければならない。自信を失った先生はカウンセラーに相談しました。カウンセラーは「その**生徒の本音**はなんでしょう？」と質問をしました。「勉強するより、外で遊びたいのでしょう」と先生。するとカウンセラーは「まずその気持ちをちゃんとわかっていると生徒さんに伝えてください」と指示した上で「では先生はなぜ、その生徒を教室に連れ戻したいのですか？」と重ねて聞きます。「その生徒の将来を楽にしてあげたいからです」「本当の本音は？」「来年進学したとき、受け持つ先生を楽にしてあげたいからです」「**本当の、本当の先生の本音は？**」先生はしばらく考え、はっきりと言いました。

「その生徒が教室で勉強してくれると**私の評価が上がるから**です」

カウンセラーは「その言葉をそのまま生徒さんに伝えてあげてください」とアドバイスしました。実際そのとおりにすると、生徒はそれ以降、教室を出て行かなくなったそうです。私たちはつい自分で自分の本音を隠し、社会的に正しくあろうとします。しかし**自分の〝本当の本音〟を共有することで、〝共犯者的関係〟になり、お互いに協力し合えるようになります。**

“現状把握”が仕事の５割。

Chapter 7

反省《はんせい》／謝罪《しゃざい》

生きていれば、
ときどき誰かを怒らせてしまうのは仕方のないこと。
ただ、取り返しがつかなくなる前に火消しは迅速に、的確に。
そして関係を修復するだけでなく
「あのことがあってよかったね」
と振り返れるような謝罪をしたいものです。

CASE 74

誤解で怒らせてしまっているとき

大人の言い方

いいえ、それは誤解です。

↓

かわいい言い方

そう思わせてしまったということは、
そうしてしまったことと同じだと思います。

なぜか相手を怒らせてしまった。怒っている理由を聞けば、どうやら認識に食い違いがあるようだ。どうしたら良い対応ができるのでしょうか？

つい「そんなつもりではなくて……」「そういう意味で言ったのではなくて……」と言葉があふれ出しそうになります。

しかしもう一度話をむし返し、お互いの認識のずれが、今の状態を招いていることを説明しても**火に油を注ぐ**ことになってしまいます。

まず「お許しいただけるかわかりませんが、申し訳ないという気持ちだけでも届けたくてやってきました」という謝罪の気持ちと、誤解ではあるけれども「『**誤解させてしまった**』**ということは**『**そうしてしまった**』**ということと同じ**です」という全肯定の気持ちを伝えましょう。振り上げた手を下ろさせるのは、相手に恥をかかせることになるからです。

また**こういった謝罪の場は〝あなたは大切な存在だ〟ということを伝える絶好のチャンス**でもあります。「今回の一件で、本当に○○さんがいないと、私はなにもできないんだと強く認識することができました」と伝えられたら、お互いの関係がもう一歩近づくかもしれません。

CASE 75

クレーム・問い合わせを受けたとき

大人の言い方

ご説明さしあげたつもりですが、
ご理解いただけていなかったでしょうか？

↓

かわいい言い方

**それはお困りですね。
早急に解決しましょう。**

パソコンが不調だ。仕事ができない。しかし次々と仕事はやってくる。サポートセンターに電話をする。イライラしながら事情をひととおり説明すると、オペレーターさんからこんな答えが返ってきました。

「それはお困りですね。早急に解決しましょう」

なんて素敵な答えなんでしょうか。ぼくの心は担当の方のこのひと言に救われました。その言葉を聞いた直後に、ぼくのイライラは消えてしまいました。

「それはハードディスクの問題ですね」「落とされたりしませんでしたか？」などといった事務的な状況確認よりもまず、**すべてに優先して〝ぼくの気持ちに寄り添ってくれたこと〟がうれしかった**のです。

問題に巻き込まれたとき、最初に解決したいのは問題そのものではありません。その問題が引き起こしているイライラ、ヒヤヒヤ、がっかりの気持ちから解放されたいのです。だからクレームや問い合わせを受けたとき、まず相手が今どういう気持ちを求めているのかを先取りする。そして自分だったら〝相手にどう言われたらそういう気持ちになれるか〟を想像し、**そのまま言葉にしてあげる。**そうすることで解決の糸口を見つけやすくなります。

CASE 76

取引先との飲み会で上司が暴走したとき

大人の言い方

ふだんはこんな人ではないのです。

↓

かわいい言い方

この人はいつもこうなのです。

「取引先との飲み会で、よくうちの部長が酔っ払って制御が利かなくなってしまう。いくら『やめましょうよ』と注意しても相手にしてもらえない。そんなときはどう対処したらいいのでしょう？」という質問をいただいたことがあります。

自分より立場が下の人なら、注意することができる。でも相手が上司や先輩だとあまり強く言うこともできず、**どう振る舞っていいのか困ります**よね。そんなとき「先輩にはっきり言えない自分」を責めてしまうかもしれません。

しかしそのときあなたが**フォローするべき対象は、制御不能な先輩の立場ではなく、巻き込まれている取引先のご機嫌**ですよね。

やるべきことは、取引先の方だけを見て「先輩、酔っ払うといつもこうなのです」「どうか今の暴言は記憶から消してください」と頭を下げることだけです。「なかなか大変だね」と労っていただけるまで、お許しを乞いましょう。

一方、もしあなたが酔っ払った当事者だったら翌朝、関係者全員に次のメールすることになるでしょう。「**先に謝らせてください。**大変申し訳ございません。昨夜のことを全然覚えていないのですが、私は大丈夫でしたでしょうか」。あなたにもそんな経験はありませんか（笑）。

CASE 77

相手を不機嫌にさせてしまったとき

大人の言い方

今日は失礼いたしました。

かわいい言い方

お時間をくださったことに感謝します。

商談をしているとき、なぜか相手はずっと不機嫌だった。

なにがいけなかったのだろう？　理由がよくわからないまま、ももやした気持ちのまま席を立とうとする。

そのときが肝心です。「今日は失礼いたしました……」とぼそぼそ言いながら、逃げ去るのはおすすめしません。あなたに原因がないのかもしれないし、あなたの言動が相手の気に障ったのかもしれないし、**不機嫌なのは見た目だけなのかもしれない。**

いずれにしても、その後、相手の身の回りであなたのことが話題になったとき「ああ、あの人ね……」と否定的な印象で語られるのは損です。

だから相手が心を閉ざしたままでも、あなたは心の中で舌打ちをしたりせず、「知識も経験も足りなくて、良いお話ができませんでしたが、**お時間をくださったことに感謝します。**よろしければ、もう一度お目にかかるチャンスをいただけたらうれしいです」こんな風に**去り際は丁寧な言葉で結びましょう。**

それでも相手は不機嫌なままかもしれません。しかし後日、どこかであなたの話題が出たとき、きっと「ああ、あの人。いい人ですよね」という肯定的な印象で語ってくれるはずです。

CASE 78

相手のことを思い出せないとき

大人の言い方

はいはい、覚えてます。

かわいい言い方

もしかして私ピンチじゃないですか。

「はじめまして」と名刺を渡したら、相手から「お会いしたことありますよ」と返されてしまった。ギクッ！　場が凍りつく瞬間です。

でもたくさんの人と会う人ならば、きっと珍しくない出来事ですよね。

なんとかその場を切り抜けたい。そんな思いから、誰だか**全然思い出せないのに、「覚えています」とあわてて嘘をつく**のも大人のやさしさかもしれません。でもそのあとの会話がぎくしゃくするのは目に見えています。

ぼくはこういう場合、うまくしゃべろうと思わず、なにを思っているか、心の中を実況中継することにしています。たとえばこんな感じです。

えーちょっと待ってくださいよー、待ってくださいよー。これもしかして**私ピンチじゃないですか？**　すごく失礼なことをしていませんか？　お名前がわからなくてめちゃくちゃ焦っています。緊張で嫌な汗をかいてきました。

こんな風に一生懸命しゃべりまくれば、相手も苦笑いしながら正体を明かしてくれるはずです。

ちなみに「お名前なんでしたっけ？」「〇〇です」「あ、いや下の名前」こんなワザもありますが、狼狽している自分を正直に伝える方が好印象でしょう。

CASE 79

うっかり失言してしまったとき

大人の言い方

今のは違うんです。

かわいい言い方

あ、最近こんないいことがあったのです。
(次の話題をはじめる)

知り合いから贈り物をいただき、「気に入らなければ、誰かにあげるか、捨てるかしてくださいね」と言われて、うっかり「ありがとうございます。そうさせていただきます」と普通に答えてしまった。失言だ！　しかしその場を取り繕おうと「いいえ！　気に入りました」などとフォローの言葉でごまかそうとすれば、その失言がかえって目立ち、気まずい雰囲気になるかもしれません。

言うべきではないとわかっているならば、とっさに「私はそんなひどいことを平気で言える人間じゃない」と弁解したくなるもの。

しかし、あわてて弁解してうまくいくことはありません。

「しまった！」とうろたえるあなたの心は、やはり「しまった！」という現実を選んでしまうからです。

失言してしまったら事実を受け入れること。**「自分は失言するような未熟な人間なのだ」**と認めることです。受け入れるのが早い人がリカバリーの早い人。「未熟だと思われたくない」という卑しい心を認めることによって、心を安定させることができます。**そのまま明るく、さわやかな気持ちで、次の現実を見て、次の話題をはじめましょう。**相手に嫌な印象を残さないはずです。

CASE 80

ご厚意をいただいたとき

大人の言い方

なにかお返ししないと。

↓

かわいい言い方

こちらからも、ぜひなにかさせてください。

やってあげたことは、その人からは返ってこなくてもいい。めぐりめぐって、**必ず別の人、別のところから返ってくる**からです。

倒れている人を助ければ〝徳〟のポイントが増える。道端に落ちているゴミを拾うとまたポイントが増える。結婚式の司会をするとまた増える。でも宝くじが当たれば、貯まった徳のポイントは一気に減ってしまう。**徳は運と交換しているから、運をキープするためには、徳を積み続けるしかない**のです。

そのことを信じているギバー（貢献しようとする人）と、そのことを信じないテイカー（奪おうとする人）、そして大多数のマッチャー（バランスを取る人）によって世の中は構成されています。ギバーになろうと貢献しているのに、なかなかすぐに報われない、という人はテイカーに貢献しているのかもしれません（テイカーは一時的に成功しても、マッチャーの嫉妬によって追い出されるので、つねに奪える相手を探している〝流浪の民〟です）。積んだ徳を運に交換したいときは、ギバーに貢献しましょう。ギバーは「すぐに返してくる人」です。あなたもまた返します。するとまたすぐ返ってきます。まるでピンボールのバンパーのように、ガガガッと徳の応酬をくり広げることで、**ギブ&ラブの世界**が展開されていきます。

CASE 81

ためになることを教わったとき

大人の言い方

大変勉強になりました。

かわいい言い方

他の人にお伝えしてもよろしいでしょうか？

真剣に学ぼうとする人は大事にされます。

最高の学習方法は〝学んだことを人に教えること〟ですから、「他の人にお伝えしてもよろしいでしょうか？」と断ることによって、**あなたが真剣に学ぼうとしていることが相手に伝わります。**

また話をちゃんと覚えている人も大事にされます。

聞くときには頭ではなく、心で聞くといいでしょう。「ええ？　本当ですか？」と驚いたり、（なんでやねん！）と心の中でツッコミを入れたり、**心を動かすことによって脳は記憶を定着させやすい**からです。

またこんなメモの仕方もあります。ぼくの場合はｉＰａｄを使って、文字だけではなく、イラストや図解と一緒にメモをしています。さらにその内容をブログにもう一度タイプ打ちして読み返します。それから会った人に説明してみます。聞いた話を何度か人に説明しているうちに、自分の記憶に定着していくのです。

だいたい5人くらいに説明したころには自分の言葉になるでしょう。

はじめは30分かかっていたような説明も、何度も話すうちに5分で説明できるようになり、**やがて短くインパクトのあるひと言**で伝えられるようになります。

CASE 82

場の話題についていけないとき

大人の言い方

お先に失礼いたします。

↓

かわいい言い方

メモを取らせていただいていいですか？

参加した集まりが、場違いだったみたい。

飛び交う話題はちんぷんかんぷんで、まるでテニスのラリーを目で追いかけているかのよう。会話にまったく入ることができない。その場にいることがだんだん苦痛になってくる。

そんなとき、なにか適当な理由を言って「では、お先に失礼いたします……」とそこそ逃げたくなる気持ちはよくわかります。

でもせっかくのご縁です。〝人生で起きることにはすべて意味がある〟という視点から見てみれば、**その場にもじつは大事なヒントが隠されている**かもしれません。

その場の話に興味津々なときだけではなく、話についていけなくて楽しめないときも、参加者たちに気に入られたいと思ったときも、「やばい、眠い」と思ったときも、「メモを取らせていただいてもいいですか？」と断った上で、メモを取りはじめてみませんか。

「メモを取る」という能動的な行動を取ることによって、参加している意味が生まれますし、少なくとも退屈さや眠さから脱出することができるからです（セミナーだったら立って聞きます。立ったら寝ないからです）。

CASE 83

明らかに相手のミスなのに、相手が自覚していないとき

大人の言い方

もう一度、確認していただけますか。

かわいい言い方

挽回したいです。

まだ確定していないはずのアポイントが、相手の勘違いにより確定したことになっている。そしてよりにもよって、こちらが「すっぽかした」という認識になっている。相手は「確定していない」という事実には気づいていないので、謝りに行かなくてはいけない。そんな不条理なトラブルに巻き込まれたとき、あなたならどう対応しますか。

こういうとき、つい「お約束を確定したメールがどこにも見当たらないので、確認のためもう一度送っていただけますか?」など、**自分の正当性を証明しようとしがち**です。気安い間柄だったらそのやり方でもいいのかもしれません。しかし相手は恥をかかされた状態になります。仕事の取引先であれば、商談を破綻させてしまう可能性もあります。人生はトーナメント戦ではなくてリーグ戦。ひとつ負けたら終わりではない。だから**「私は悪くないのに」という短期的な思考から「この出来事によって未来をよくしよう」という長期的な思考に切り替えましょう。**丁重に謝った上で「いっかこの一件があってよかったと思っていただけるように挽回したいです」とお伝えする。そして後日「もうそんなことしていただかなくてもいいのに」と恐縮されるくらいの行動でしめしましょう。

CASE 84

「適当でいいですよ」と言われたとき

大人の言い方

ではお言葉に甘えます。

かわいい言い方

細かいことを、きちんとしているんです。

ある占い師の話です。信じるかどうかはあなた次第です。

「人の運勢は生まれた時間と場所で決まっている」というのが占いです。しかしどちらも悪い生まれた名前が良いのだそうです。また名前も悪いのに幸せな人がいる。その人は徳を積んでいる（＝良いことをしている）のだそうです。その徳の中でももっともポイントが高いのは、**隠れて良いことをする「陰徳」**なのだそうです。

ある飲食店では自転車で訪れるお客さんが多かった。そこで店主はふと思いたって、こっそりお客さんの自転車のタイヤに空気を入れることにしました。するとその影響かわかりませんが、お店は急に繁盛しはじめたのだそうです。

反対に徳のポイントを一気に下げるのは、隠れて悪いことをする人だそうです。**神様は「信号を守れるかどうか」だけをチェック**（信号無視をすると積んだ徳がゼロに）するのだとか。たしかに信号を守れる人は、それ以上の悪いことはできませんよね。

部屋にあがるとき、靴をそろえられたかどうか。食事が済んだときに、椅子を元に戻せたかどうか。後ろから人が来ているとき、ドアを押さえて待てたかどうか。**誰も見ていなくても、細かいことをきちんとやり続けられる人は信用されます。**

相手を許すことで、自分をほめてあげよう。

Chapter 8

気配り《きくばり》／配慮《はいりょ》

お付き合いはトーナメント戦ではなくリーグ戦。
一度きりの勝ち負けではなく
長期的なやり取りで決まります。
だからこそ、お互いの将来にとっていつもベストな選択をしたい。
そんな気持ちは言葉づかいにも現れます。

CASE 85

手土産を渡すとき

大人の言い方

お口に合うかわかりませんが。

かわいい言い方

すごくおいしいのでみなさんで召し上がってください。

大人の世界では手土産は「お口に合うかわかりませんが」「たいしたものじゃないですが」と遠慮がちに渡すのが一般的ですが、せっかく持っていくのですから、自信たっぷりに **〝自分の感動〟と〝ストーリー〟と一緒に贈る**のがいいと思います。

「以前○○さんからいただいて、めちゃくちゃおいしかったので、ぜひ□□さんにも試していただきたくて持ってきました。あとで調べたら、県内で一番人気のお店らしいのです」

こんな風に伝えると、手渡した人からそのまわりの人へ「これ、○○さんからいただいたのだけど、すっごくおいしいらしいよ」「えーほんと」と**盛り上がるネタにもなる**のでおすすめです。

ただし手土産はなにを持っていくかより、持っていくという行為そのものが大切。

なぜなら、**手土産は「私はあなたをリスペクトしていますよ」という表現のひとつになるから**です。

人間関係は長く続いていくと、だんだんお互いの嫌なところが見えてきます。

それは性格や相性とは関係なく、「近すぎている」ということが問題なのです。

手土産を渡すことによって、ちょうど良い距離に戻すことができます。

CASE 86

祝福の言葉をかけるとき

大人の言い方

おめでとうございます。

↓

かわいい言い方

○○さんにも伝えたら「おめでとう」って言っていましたよ。

なにかを達成した瞬間の人の輝きは、**人生で見られるもっとも美しいもの**のひとつ。だからこそありふれた「おめでとう」だけではなく、もっと相手の心に迫るような「おめでとう」を伝えたいもの。

おすすめは「○○さんも『これは偉業だ』と言っていましたよ」「今回の話を○○さんもうわさしてたよ」「○○さんも感動してたよ」と**本人がよろこびそうな第三者の声を届けることで、メッセージの臨場感が増す**でしょう。

もしくは、あなたがどんな身体的経験をしたのかを伝えます。「鳥肌が止まらなかったです」「胸が熱くなりました」「呼吸するのを忘れました」「まばたきできなかったです」。このような身体の反応を言葉にするのも、印象に残りやすいです。

あるいは、**出来事を知ってから、受け止めるまでの間の感情の動き**をそのまま伝えるのもいいですね。「はじめはすごすぎてよくわからなかったみたいで、少し時間が経ってから、ええー！　それやばいじゃん！　って気がつきました」「知ったときは良かった！　って気持ちでいっぱいだったけれど、寝るときにニヤニヤが止まらなくて、やっと起きたことを受け入れたのかも。ほんと、おめでとう！」。ここまで丁寧に祝福の気持ちを表現されたら、きっととてもよろこんでくれると思います。

CASE 87

会話が沈黙してしまったとき

大人の言い方

そろそろお開きにしましょうか。

↓

かわいい言い方

……♪

よくしゃべる人がコミュニケーション上手というわけではありません。

あわてておりとめもない話をしてしまう人は、**会話中の沈黙がこわい**というコミュニケーションに対する恐怖を持っています。

話題が続かないとわかると、あわててその場を切り上げる人もいるでしょう。でもときにはすぐに話をかぶせたりせず、沈黙を保つ勇気も必要。

沈黙は思考。黙っていれば次の瞬間、相手がとても大事なことを話してくれるかもしれないからです。

大事な話を流してしまわないためにも、シーンとしたとき、どうしようどうしようと戸惑わないこと。

昔、**「沈黙の時間は、自分と相手との間を天使が通過している時間だ」**と教わったことがあります。

その話を聞いて以来、会話に沈黙が訪れると、**そこを見えない天使が通過している姿を想像できる**ようになり、気が楽になりました。

私たちは瞬間、瞬間に新しい現実をはじめることができます。緊張感から抜けて、次の瞬間からほがらかに会話をはじめることもできます。

CASE 88

メンバーに不運な出来事がつづいているとき

大人の言い方

どうにかしたいですね。

かわいい言い方

お祓いに行きましょうか（笑）。

この世はあなたの認識によってできています。

どうとらえているかが、そのまま反映されているのです。**不運ととらえているものが、そのまま不運だとは限りません。**

今日も電車が遅延して、アポイントに遅れてしまった。なんて私は運が悪いのだろう……。そう感じているとしましょう。

そのときは「電車が何度も遅れるのは運が悪いこと」という思い込みがあります。しかしもし〝**自分でわざわざ遅れることを選んでいる**〟とするなら、どんな解釈ができるか？　そんな風に自分に問いを与えてみるのもいいですね。不運が不運ではなくなるかもしれません。

それでも不運が続くようでしたら、お祓いに行くことをおすすめします。行ったことはありますか？　とってもスッキリします。簡単に負の連鎖を断ち切るいい方法だと思うので、ぼくはカジュアルにおすすめしています。神社は気持ちのいい場所です。

ネイティブアメリカンの聖地・セドナも気持ちのいい場所でした。

運気は気持ちのいいところに宿るようです。玄関も部屋の中もデスクの上も、整理整頓すると気持ちのいい場所になり、そこがパワースポットになります。

CASE 89

相手が緊張しているとき

大人の言い方

緊張しなくていいですから。

↓

かわいい言い方

私、緊張させていないですか？

年齢差、立場の差のせいか、目の前の相手が硬くなっているとします。

相手が緊張してしまい、会話のキャッチボールがスムーズに展開しない。

口数が少なかったり、早口で話が支離滅裂だったり、自分を大きく見せようと話に力が入りすぎていたり。

そんなとき、場を落ち着かせようと「緊張してない？」「緊張しなくていいからね」「気楽に話そうね」と声をかけても、逆効果になることがしばしば。

相手の緊張を解くのはまず「緊張させているよね。ごめんね」という言葉ではないでしょうか。

相手が緊張するのは「よく思われたい」という気持ちから生まれています。ですから、「服は自分で選んでいるんですか？」「ネイルが個性的ですね」「さすが、ラグビーをやっている人の身体つきですね」などと**相手を承認する言葉をかけてあげましょう。**

また別れ際に「将来すごい人になったら、『今日の話がそのきっかけでした』って言ってね。言ってくれなかったら『あの子も変わっちゃったね』ってまわりに吹聴するよ！」などと言ってみんなで大笑いできれば、きっと**その言葉がお守り**となって、相手の将来を明るく照らすと思います。

CASE 90

自分だけ誘われなかったことを知ったとき

大人の言い方

みんな楽しそうだったね。

↓

かわいい言い方

次回はよかったら役立てて。

私以外、みんな集まってたんじゃん。昨日会ったときはなにも言ってなかったのに。声かけてくれたらよかったのに。ＳＮＳでのやり取りが一般的になった今、その事実を〝知ってしまう〟機会が増えていますよね。しかし不思議なものです。私たちには**「みんなと一緒がいい」という帰属願望**があります。でもずっとみんなと一緒だとだんだん「一緒は嫌だな」「つねに顔出さないといけないのは面倒だな」と考えるようになり、**「自分だけ特別がいい」と考える**ようになります。そして特別になるとだんだん孤独になり、みんなと離れるから、やっぱり「みんなと一緒がいい」という気持ちに戻ります。**つながりたい、特別がいい、をいったりきたり。このふたつの価値観を落ち着かせるのが、「役に立ちたい」という貢献の価値観**なのです。

たとえばこんな風に声をかけます。「日曜日みんなでバーベキューやってたでしょう？」「あ！　そうなのそうなの！　誘おうと思ったんだけど今度は必ず……」「あ、いやそうじゃなくて、買ったのに全然使っていないバーベキューセットがあるから、**次もし足りなかったら言ってね**」こんな風に声をかけることで、あなたの心は落ち着きます。親しい間柄なら「次、呼んでくれなかったら嫉妬しちゃいますよ〜」と〝粘着力のないさわやかな嫉妬心〟を伝えるのもありですね。

CASE 91

相手が不安を感じているとき

大人の言い方

不安ですよね。

かわいい言い方

成長できますよね。

人間にはもうひとつ、揺れる価値観があります。それは**〝変化〟と〝安定〟**です。仕事もプライベートもうまくいき、しばらく安定した生活を続けていると、私たちは退屈になり、変化を求めるようになる。

やり方を変えたり、環境を移したり、やったことがないことに挑戦したいと考えるようになります。

変化しようとすると、**今度は不安定な状況を作る**ことになります。

すると大切なものを失うかもしれない。元に戻れないかもしれない。二度と手に入らないかもしれない。だんだんそんな「先行きの不安」が大きくなり、どうにかしたいと思うようになる。すると一転、次はまた〝安定〟を求めるようになる。

こんな風に、私たちの価値観は気づかないうちに「安定したい」「冒険したい」をいったりきたりしています。

そんな揺れる価値観を落ち着かせてくれるのは「成長したい」という価値観です。

〝成長〟に軸をおくと、行動がぶれにくくなります。成功は約束されていないものですが、成長は100％約束されているからです。そして、**成長の延長線上に100％存在しているのが成功**なのです。

CASE 92

相手が自分を卑下しているとき

大人の言い方

そんなことないですよ。

かわいい言い方

地元どちらでしたっけ？
あそこ、すごく良いところですよね。

「私はダメなんです」という発言には、**「私を認めてほしい」という気持ち**が隠れています。だから自分を卑下している人にいくら励ましの言葉をかけても、アドバイスをしても、あまり効果がありません。

肯定に転じるのは困難なので、話題をすり替えます。あれ、聞いてなかったのかな？という感じで。

たとえばいきなり「たしか料理を作るんですよね？」と話題をすり替える。「作りますよ、男料理ですけど」と言えば「今、料理好きの男性って増えているみたいですよね～」という風に返す。

相手の出身地を聞いて、「すごく良いところですよね」と返す。相手のご両親のことを聞いて、「それは素敵なご両親ですね」と返す。

話題に困ったら、**趣味とか地元とかご両親の話題**に変えて、高く評価するのがおすすめです。いずれもほめられて、嫌な気持ちになる人はいないからです。

そんな風に、まったく違う角度から相手の存在を肯定し、相手のセルフイメージを上げる。空手のように正面から受け止めず、スッとよけて、別の角度からハッと返すことにより、相手はパッと明るい方を見てくれます。

CASE 93

失礼なことをされたとき

大人の言い方

ありえない。

↓

かわいい言い方

どうか健康でありますように。

経験が浅いころは、誰かに失礼なことをされると、ただ落ち込むしかありません。しかし人は少しずつ人生経験を積みます。すると怒りをしめしたり、主張したり、言い返したりできるようになります。

さらに人生経験を積みます。すると怒りを感じても、黙っていることができます。言いたいことがあっても、胸のうちに秘められるようになるのです。

ここまでは大人の対応だと言われます。

さらにもっと人生経験を積みます。すると他人から嫌な気持ちにされたとしても、相手の健康を祈ることができます。

失礼なことを言われても、並んでいるときに割り込まれても、「お身体に気をつけて」「この人が健康でありますように」と心の中で手を合わせられるのです。

嫌な気持ちになるということは、自分の心の中に不健康になるストレスホルモンが分泌されている証拠。怒っても、黙っていても、ストレスホルモンは増えるばかりです。だから**その人の健康を祈る**のです。脳は「主語」を認識できない、と教わったことがあります。誰かの健康を祈ることによって、自分の健康を祈ることにもなり、怒りの連鎖を止め、**幸せの連鎖に変える**ことができるのです。

CASE 94

ピンチに追い込まれたとき

大人の言い方

大変だ！　どうしよう！

かわいい言い方

ピンチ、ピンチ、チャンス、チャンス、ランランラン♪（童謡「あめふり」に合わせて）

ピンチに追い込まれたとき、どんな風に対応するのがいいのでしょうか。

まず深刻にならないこと。解決は深刻さを嫌うからです。落ち込んだ気分で、現実を好転させることはできません。**もし解決法が思いつかないなら、まず気分を上げる工夫をします。**その上で、この問題が解決したあとはどれだけハッピーだろうと想像します。その心の状態で解決法を考えると、案外うまくいくのです。

昔、こんなことがありました。仕事で自分では抱えきれないほどの大きなトラブルに巻き込まれたときのことです。すぐにリーダーに電話をかけて「大変なんです！じつは……」と報告しようとしました。すると「待って！」の声。「そのピンチを私に報告する前に、まずこの歌を歌ってごらん」と言われました。戸惑った私が「いえ、すみません、本当に大変なんです」と訴えても「いいから歌ってごらん。**ピンチ、ピンチ、チャンス、チャンス、ランランラン♪**」と歌い出すものですから、「いえ、ふざけている場合じゃないので」と泣きついても「いいから歌って！　気持ちが晴れるから」と聞く耳を持ちません。仕方なく歌うことにしました。はじめは小さく声に出して歌ってみました。不思議に思って、2回目は大きな声で歌ってみました。すると本当に**気分が晴れて、明るい未来**が見えてきたのです。

CASE 95

話題を変えたいとき

大人の言い方

話題を変えてもいいですか。

↓

かわいい言い方

ふと思ったのですが、○○しますか？

苦手な話、暗い話、出口のない話など、自分にとって好ましくない話題が続いたとき、どうしたらいいのでしょうか。

おすすめはぽんっと「そう言えば、旅行ってしますか?」という風に**話題を変えてしまうこと**です。そんなことをして大丈夫なのでしょうか。大丈夫なのです。はじめは戸惑われるかもしれませんが、「国内旅行ですか?」「最近どこか旅行しました?」「旅行はご家族もお好きなんですか?」とこんな風にしばらく同じテーマで話を続けていると、相手はみるみるそのテーマにのめりこみ、よっぽどのことがない限り、元の話題をしようとは思わなくなります。

なぜなら**人には「その前の行動・思考を続けたい」という習性があるから**です。

ぼくは小学生のとき、この事実に気づきました。当時、ザ・ドリフターズの「8時だヨ!全員集合」という大好きなテレビ番組があって、どうしてもドリフを観たいけれど、今日中に宿題をやらなくてはいけなくて、仕方なくCMの間にしばらく宿題を続けてみました。するとあることに気がつきました。「すごい。いつの間にかドリフを観るよりも、宿題をやりたいと思っている」と。まるでテレビのチャンネルのように、**人の意識にもチャンネルがある**んだと知った瞬間でした。

CASE 96

相手にリスペクトの気持ちを伝えたいとき

大人の言い方

本当にすごいですね。

↓

かわいい言い方

聞いてください、この人、本当にすごい人なんですよ。

その人に直接、すばらしさを伝えても「またまた。いつもいいように言ってくれて」と謙遜してしまい、思うように伝わらない。どうすると気持ちが１００％伝わるのでしょうか。まず、その人の**素敵なうわさを第三者にして、**「○○さんがあなたのことをこんな風に言っていたよ」と間接的に伝われば気持ちは相手に１００％伝わります。**陰でうわさ話をするなら、良いうわさ話です。**それは時限爆弾のように、時間差で爆発し、当事者に極上の幸せを届けます。しかし、難点は本人まで伝わらないことが多々あることです。そこでおすすめの方法を紹介します。

ほめ称えたいAさんを、知り合いのBさんに紹介します。「Bさん、今日紹介したいのはAさんと言いまして……」とあなたはAさんの隣で、Bさんに向かって話します。「このAさんは、ぼくの人生で出会った中でも本当に稀有な存在で、これほどまでセンスのいい人は見たことがないのです」とまっすぐにほめる。するとAさんは「そんなにほめてもらって恥ずかしいです」と言いながら**まんざらでもない表情**になります。このときAさんのセルフイメージはアップしています。

また応用として、ＳＮＳにAさんと撮った写真をアップします。そして「このAさんという人は～」と賞賛コメントを添えることでも気持ちは１００％届きます。

CASE 97

人間関係をリフレッシュしたいとき

大人の言い方

食事に行きませんか？

↓

かわいい言い方

うちで鍋パーティーをしませんか？

食事、映画鑑賞、スポーツ観戦など、ひとりまたは少人数でできることを、あえて大勢の人に声をかけて**「イベント化」する**のはいかがでしょうか。

リアルでもオンラインでも「○○勉強会」「○○イベント」「○○パーティー」などと名付ければ、仲間を集めるきっかけになります。たとえば家に帰ってひとりで映画を観る予定でも、「今日うちで映画鑑賞会やろうと思うんだけど」と声をかければイベントになります。「晩ごはん一緒に食べない？」は「みんなで鍋パーティーしない？」と言い出した方が盛り上がります。自宅で仕事をするときも「今から作業部屋をビデオ会議で公開します」と言って人を集めれば、**宿題を誰かの部屋でやっているような雰囲気を演出**することもできます。

最近すっかりご無沙汰になっている人や、「早く会う機会を作らなきゃ」と気になっていた人もこの際、呼びましょう。友だちに声をかけたら「じゃあこっちも誘っていい？」という流れになるかもしれません。異なるコミュニティの人同士が集う、エキサイティングな場になったら楽しいですよね。**出会いの機会を提供するたびに、あなたを中心とした輪ができます。**意外な人同士がつながったり、カップルが誕生したりすることによって、その輪はさらに広がっていくでしょう。

CASE 98

がんばっている人に声をかけるとき

大人の言い方

がんばっていますね。

↓

かわいい言い方

きっとすごいことになりますよ。

誰もが先行きに対する不安を持っています。

新しい仕事に取り組んでいる。真剣になにかに打ち込んでいる。がんばって勉強している。そんな人に「応援する気持ち」を伝えるには、どうしたらいいのでしょうか。

がんばっている人は輝いています。でも**本気なら本気なほど、どこかで自分の目標や、自分の能力に対する疑いを持っているもの**です。

「本当にこんなことをがんばっていていいのだろうか」「なんでもっとがんばれないのだろう」と悩んでいる人もいます。だとしたら「がんばって」という声かけは、相手にとって虚しく響いてしまうかもしれません。

おすすめは**「将来、すごいことになっちゃうんじゃないですか？」**とひたすらポジティブな推測をすることです。明るい未来を言い当てる、素敵な占い師になってください。**推測で言ったその素敵な言葉が、相手にとって大きなエネルギーになる**からです。心の表面には刺さらなかったとしても、ことあるごとにあなたの言葉が思い出され、深層意識はそのイメージに勝手に近づこうとするのです。

CASE 99

日頃の感謝の気持ちを伝えたいとき

大人の言い方

いつもありがとうございます。

かわいい言い方

日頃の感謝をカタチにしました。

どんな分野でも、成功者と言われる人には「贈り物好きな人」が多いです。

そういう人は、誕生日やクリスマスはもちろん、特別な日じゃなくても買い物先でなにか素敵なものを見つけたら「これ、あの人もよろこびそうだからあげちゃおう」くらいの気楽さで手に入れて、**気取らずにプレゼント**するのです。

そんな人になれたらいいなと思います。

とはいえ相手が身近な人だったりすると、恥ずかしくてプレゼントなんてあげられない、という人もいるでしょう。かといって無言で渡したりすれば「えーなになに？」「なんでもないよ」「ほんとに？」という具合に、なにか魂胆があるんじゃないかと疑われそう。

そこで**あえて「日頃の感謝をカタチにしました」と仰々しく、ストレートに伝えるのはいかがでしょうか。**そこまではっきり伝えれば警戒はされないし、きっとユーモアだと受け取って笑ってくれるからです。

プレゼントするものに悩んだら、仕事に関連する備品、あるいは消耗品がいいと思います。**モバイルバッテリーや充電ケーブルなどのスマホ用品、マスキングテープ、ふせん、ペンなどの文房具**は人を選ばずよろこばれるでしょう。

凄いことはアッサリと起きる。

Epilogue

あとがき

ぼくは三重のド田舎で生まれました。

保育園から小6までずーっと1クラス。

仲良しはずーっとタニグチとミゾグチとぼく、ヤマザキ。

クラス替えなんて一度も経験したことがないような小さな村で育ちました。

それが中学に入ったとたんに急変します。

一気に4クラスに増えて、はじめて「おしゃれな同級生」と出会うことになるのです。

彼らは〝ゾックタッチ〟〝エチケットブラシ〟〝オールナイトニッポン〟〝荒井由実〟〝スネークマンショー〟など、ぼくの知らないキラキラした世界をたくさん知っていました。

そんなキラキラした世界を当たり前のように経験している彼らは、ぼくよりも人生のはるか先を行っている感覚がありました。彼らはいつもクラスの中心にいて、羨望の的でした。

新しい情報を持っている彼ら。どうしたら彼らみたいになれるのだろう。

よく考えるとじつは単純な共通点がありました。

彼らには必ずお兄さんかお姉さんがいたのです。東京や大阪に住むお兄さんやお姉さんから、キラキラした情報をたくさん吸収している。

そのときに気がついたのです。キラキラ情報を持っている人のそばにいると、自分までキラキラできるのじゃないかと。

高校に入ると、またタヌキくんというおしゃれな同級生と出会います。

タヌキくんはあまりにもおしゃれなので、近くにいると自分のダサさを自覚してしまいます。そのせいかわかりませんが、他の同級生はタヌキくんとやや距離を置いていたようです。

しかしぼくはタヌキくんが気になって、積極的に声をかけて、おしゃべりをしました。

「なんでそんなにおしゃれなの？」と聞くと、タヌキくんは「『ポパイ』という雑誌を読んでいるんだよ」と教えてくれました。

『ポパイ』なんて知らなかったぼくは、それがタヌキくんのおしゃれの秘密かと思いました。その雑誌さえ読めば、ぼくもタヌキくんみたいにおしゃれになれるかもしれない。ぼくは早速『ポパイ』を買って読みはじめました。

しかしおかしいのです。『ポパイ』を読んでみても、なんにも頭に入ってこないのです。ポパイの世界は自分とは距離がありすぎて、なにが面白いのかちっともわかりませんでした。

買っても、買っても、ただ積まれるだけ。読み終わっていないうちにまた翌月分を買い、未開封のまま積み重なる『ポパイ』。だんだんその存在を見るのも嫌になってしまいました。

それでもぼくは変わらず毎日タヌキくんとおしゃべりをして、一緒に帰ったり、一緒に遊びに行ったりしました。

そして高熱を出して学校を休んだある日のこと。

もう『ポパイ』のことなんてすっかり忘れかけていたころのことです。

家にいてもやることがなく、あまりにも退屈なので、なんとなく放置していた『ポパイ』を開いてみたのです。最初は写真だけをパラパラ見るつもりでした。でもふと気になって記事を読むことにしました。一字一句、目で追ってみました。

おかしい。

『ポパイ』がめっちゃわかるのです。

「英語がある日突然、聞こえてきた」みたいな状態でした。タヌキくんから無意識に吸収していた情報が、頭の中で全部つながったのです。

それ以来、ぼくは「好かれたい」「学びたい」という姿勢で、キラキラした人たちと接するようになりました。

「スウォッチを見かけたら買った方がいいよね」「今度ケン・ドーンってオーストラリアのアーティストが流行りだすよ」という話を耳にすれば、なにそれ？　と思いながらも、即座にケン・ドーンの絵をチェックして、スウォッチを買いに走りました。

あるいは「やり取りはEメールが主流になりますよ」「ツイッターって面白いですよ」「これからはTik Tokです」と聞けば、即座に飛びつき、試してみることにしました。

すると本当に半年後、流行りはじめる。

そのうちに周囲から「タクはいつも新しいことを知ってるよね」「タクが言っていることが、しばらく経つと流行りだすよね」と言ってもらえるようになりました。

キラキラした人たちの、キラキラした情報は貴重です。

しかしぼくはどんな人であっても、その人の世界観の中にキラキラした情報を持っていると思うのです。

誰がどんな素敵な情報を持っているかわからない。

「どんな人に対しても丁寧に接しよう」と思うのはそういう理由です。

だから、会う人みんなに興味をそそられます。

そしてそう思っていろんな人と接していると、意外な人が、素敵なことを教えてくれるから、人生は面白いのです。

ビジネスでも遊びでも暮らしでもそう。

最初は「なにそれ?」と冷ややかに笑われている人が、つねにその分野を開拓していきます。そのときに冷ややかに笑っていた人たちは、やがて彼らの背中を必死に追うことになります。

だからこそ、どんな人に対しても一生の付き合いになるかもしれないと思って、丁寧にお付き合いしたい。

つねに「教えてください！」という姿勢で話を聞き、なにかおすすめをされたら「やってみます！」と素直にためしてみて、うまくいけば「おかげですごく助かりました！」とよろこびの気持ちを言葉や態度で思いっきりしめしたい。

こちらがよろこんだら、相手もきっとうれしいから、またよろこばせようと、情報や知識や人をもっと紹介してくれるでしょう。

いつ訪れるかわからない、夢のようなチャンスを気持ちよく迎えるために。

「かわいい言い方」が、ひとつの道具として、あなたの人生のお役に立つことができたら幸いです。

好かれる人の3つの特徴

1 すぐ人のことを好きになる。

2 人の好意に対して大きく反応する。

3 会っていないときもその人の成功を願う。

山﨑拓巳

Takumi Yamazaki

1965年三重県生まれ。広島大学教育学部中退。事業家。ビジネスコーチ。「コミュニケーション」「モチベーションアップ」「お金の教養」などをテーマにしたセミナーや勉強会を全国各地で開催し、高い人気を誇っている。
経営者としてニューヨークにラーメン店「タクメン」を出店したり、アーティストとして国内外に絵画、Tシャツ、バッグを出展するなど多方面で活躍中。

主な著作に『やる気のスイッチ！』『人生のプロジェクト』『気くばりのツボ』（サンクチュアリ出版）、『さりげなく人を動かす スゴイ！話し方』（かんき出版）などがある。

山﨑拓巳 LINE公式アカウント

クラブS

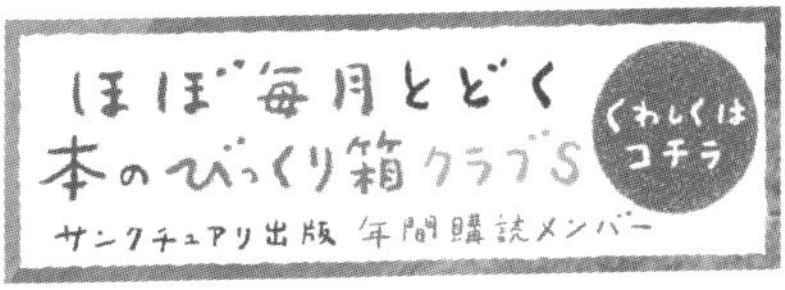

sanctuarybooks.jp/clubs/

新刊が12冊届く、公式ファンクラブです。

サンクチュアリ出版 You Tube チャンネル

奇抜な人たちに、
文字には残せない本音
を語ってもらっています。

“サンクチュアリ出版チャンネル” で検索

選書サービス

あなたのお好みに
合いそうな「他社の本」
を無料で紹介しています。

https://www.sanctuarybooks.jp/rbook/

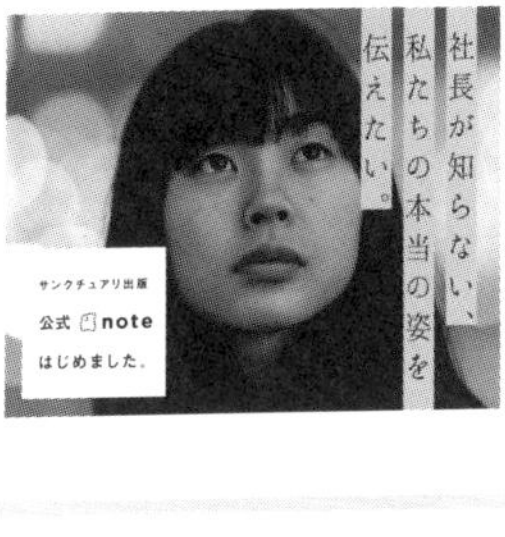

サンクチュアリ出版 公式 note

どんな思いで本を作り、
届けているか、
正直に打ち明けています。

https://note.com/sanctuarybooks

本を読まない人のための出版社

サンクチュアリ出版

sanctuary books ONE AND ONLY. BEYOND ALL BORDERS.

なぜか感じがいい人の かわいい言い方

2021年12月20日 初版発行
2022年 9 月30日 第7刷発行（累計3万9千部※電子書籍を含む）

著 者 山﨑拓巳

制作協力 株式会社 BEEM（Kento Yoshida/Hiroto Ishikawa/Taisei Ishii）
イラスト 岡村優太
デザイン 井上新八
DTP 井原康浩

営業 市川聡
広報 岩田梨恵子
制作 成田夕子
編集 橋本圭右

発行者 鶴巻謙介
発行所 サンクチュアリ出版
〒113-0023 東京都文京区向丘2-14-9
TEL 03-5834-2507 FAX 03-5834-2508
http://www.sanctuarybooks.jp
info@sanctuarybooks.jp

印刷 株式会社シナノパブリッシングプレス